DE L'ENNUI
NEMO
AMELIE
ESTHER
HATTERAS
ARTEMIUS
SOPHIA

Progetto e realizzazione editoriale:
Lynx Multimedia Factory / Red Whale
Direzione editing: Katja Centomo
Coordinamento: Erika Centomo
Testi di: Flavia Barelli

Illustrazioni di: MUSICARTOON,
Benedetta Barone, Nicola Pasquetto, Andrea Pucci e Sabrina De Marco

Cover: Andrea Pucci e Michela Signoracci

Tratto dalla serie a cartoni animati
"Le Straordinarie Avventure di Jules Verne"
prodotto da RAI FICTION - LUX VIDE - MUSICARTOON

www.ragazzimondadori.it

Prima edizione settembre 2014
Stampato presso ELCOGRAF S.p.A.
Via Mondadori, 15 - Verona
Printed in Italy
ISBN 978-88-04-64250-3

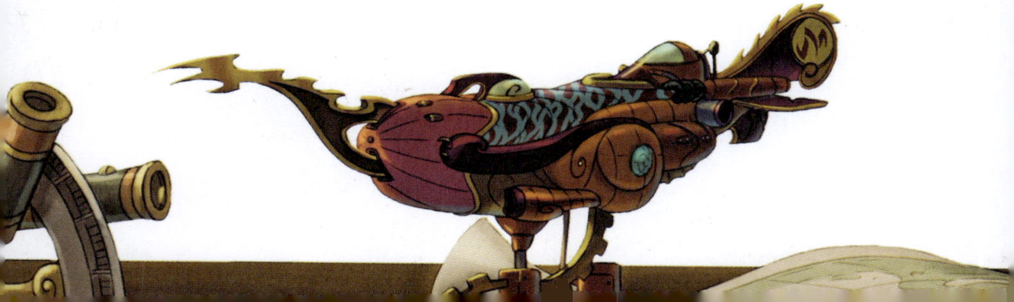

LE STRAORDINARIE AVVENTURE DI

JULES VERNE®

NAUTILUS

Testi di Flavia Barelli

Hudson Bay
North America
Nebraska
S. Francisco
Arizona
Morgantown
Maryland
Virginia
New York
Jules

London
Le Havre
Paris
Europe
Monaco
Rome
Madrid
Black Sea
Tunis
Casablanca
Cyprus
Tripoli
Egypt
Africa
Nile
Red Sea
Persian Gulf
Senegal
Bombay
Calcutta
Sahara
Atlantic Sea
Congo

PROLOGO

Un uomo osserva la città che si allontana dal finestrino della carrozza. Il suo sguardo corre lungo il profilo dei tetti azzurri, delineati contro il cielo notturno che inizia ad albeggiare.

Le ruote stridono sul selciato dei vicoli di periferia. Il rumore rimbalza sulle pareti degli edifici, moltiplicandosi in un'eco che alle sue orecchie risuona come l'amaro della sconfitta.

"Addio, Parigi. Addio" pensa, con un lampo di rancore negli occhi.

Ricorda ancora il suo arrivo in città, tanti anni prima. Era solo un ragazzo, ma la speranza gli gonfia-

va il petto, la vita gli sembrava piena di possibilità.

Ora, invece, il futuro è coperto di nubi. La sua carriera finita, gli amici scomparsi, le sue ambizioni distrutte dall'ottusità di chi avrebbe dovuto sostenerlo...

Un colpo di tosse sommesso lo scuote dai suoi pensieri. L'uomo si gira a guardare la moglie e i figli, strappati dalla loro casa nel cuore della notte, costretti a seguirlo in un viaggio che rappresenta la sua ultima speranza.

«Torneremo a Parigi, ve lo prometto» mormora, prima di voltarsi e osservare per l'ultima volta il profilo della città che ha tanto amato e che ora scompare all'orizzonte. «Ma lo faremo da vincitori. E allora tutti dovranno inchinarsi di fronte al mio genio!»

1.

RITORNO A PARIGI

Il treno proveniente da Nantes scivolava nella campagna francese. I passeggeri sonnecchiavano o guardavano il paesaggio monotono fuori dal finestrino; a breve sarebbero arrivati nella grande Gare de l'Ouest, la stazione che li aspettava alla fine dei binari, una porta sulle meraviglie e le opportunità della grande Parigi.

Jules alzò gli occhi dal suo libro di diritto commerciale e si guardò attorno, annoiato. Aveva provato a studiare durante il viaggio, ma gli sembrava di aver letto e riletto all'infinito la stessa frase.

Si stiracchiò allungando la schiena e lasciò vagare lo sguardo sui suoi compagni di viaggio. In fondo allo scompartimento, un uomo con il naso adunco cercava di impressionare una signora con discorsi complicati sulla meccanica dei treni. La donna sorrideva, ma i suoi occhi puntavano sognanti oltre il finestrino, mentre i suoi due bambini si rincorrevano allegri dentro e fuori dalla cabina.

Accanto a Jules, un grasso commerciante, salito a Nantes come lui, leggeva tranquillo.

Il giovane Verne estrasse dalla borsa il suo inseparabile taccuino. Ogni occasione era buona per annotare caratteri e comportamenti che potevano tornargli utili in uno dei suoi romanzi...

"Ah, ma chi voglio prendere in giro!" pensò poi, cancellando con un gesto di stizza l'ultimo appunto e lasciandosi cadere il taccuino sulle ginocchia. "Mio padre non mi permetterà mai di diventare uno scrittore!"

Una corrente d'aria attraversò lo scompartimento, facendo girare le pagine del quaderno: i diagrammi e gli schemi delle sue invenzioni riempi-

vano la carta, intervallati da una fitta grafia e dagli schizzi disegnati durante i suoi viaggi.

Da quando aveva messo piede nella redazione del "Contes de Voyage", solo pochi mesi prima, Jules aveva vissuto avventure incredibili. Artemius Lucas, il direttore del prestigioso giornale di viaggi, lo aveva accolto nella sua squadra già per due spedizioni e sua figlia Amelie, sempre al fianco del padre, iniziava ad avere una certa considerazione per il giovane apprendista tuttofare.

Senza contare che, in quei viaggi, Jules aveva raccolto materiale di prima mano per i suoi ro-

manzi. Non si era mai sentito tanto vicino al suo sogno: fare della scrittura il proprio mestiere!

Purtroppo suo padre, il famoso notaio Verne di Nantes, aveva altri piani per il suo futuro...

Jules si rabbuiò, ripensando agli ultimi tre giorni trascorsi a casa.

"Non mi interessano queste sciocchezze!" aveva tuonato suo padre, allontanando il taccuino che Jules gli aveva mostrato. "Ti ho mandato a Parigi per laurearti in Legge e affiancarmi nell'attività di famiglia... e questo è ciò che farai!"

Quando parlava con quel tono, non c'era modo

di fargli cambiare idea e Jules lo sapeva bene. Come avrebbe voluto avere con lui un rapporto diverso, magari come quello che aveva iniziato a instaurare con Artemius Lucas...

Jules si tastò la tasca del panciotto e sorrise: c'era ancora. Il giorno prima aveva ricevuto una lettera da Monsieur Lucas, che gli chiedeva di presentarsi il prima possibile in redazione.

Il messaggio non diceva quale fosse il motivo della convocazione, ma Jules sperava con tutto il cuore che si trattasse di un'altra spedizione!

"Un nuovo viaggio è quello che ci vuole per dimenticare questi ultimi giorni!" considerò sospirando. Un fischio lacerò l'aria, distogliendolo dai suoi pensieri. Il treno stava entrando in città. La sagoma dei tetti azzurri di Parigi si faceva sempre più vicina.

Jules saltò in piedi e un largo sorriso gli illuminò il volto. "Parigi, arrivo!" pensò, inspirando l'aria a pieni polmoni e pregustando l'avventura che lo attendeva.

2.

ATTACCO ALLA LINCOLN

Tramonto sull'oceano. La luce radente tingeva ogni cosa di un caldo colore arancio. I riflessi del sole sulle onde si scomponevano in infinite sfaccettature oblique, che colpivano gli occhi di chi guardava sopra l'orizzonte.

La nave, una fregata della Marina degli Stati Uniti d'America, scivolava lungo la sua rotta, ma sembrava immobile nella monotona ripetizione delle piccole creste sollevate dal vento dell'Atlantico.

Artemius Lucas non riusciva a staccare lo sguardo dall'immensa distesa di acqua in movimento.

CAPITOLO DUE

«Abbiamo cambiato la rotta secondo le vostre indicazioni, Monsieur Lucas.» La voce del capitano Farragut lo costrinse a girarsi. «Se avete ragione, finalmente incroceremo il mostro.»

Il capitano sorrideva, ma il suo volto tradivano la tensione. La stessa che accompagnava l'equipaggio fin da quando erano salpati dalle coste francesi.

«Non so se sperarci, in realtà» continuò, avvicinandosi. «Meno di un mese fa ha squarciato lo scafo della *Shannon*... come se fosse carta!»

Artemius ricambiò il sorriso del capitano: «La *Lincoln* è una nave robusta e veloce. Per questo siete stati incaricati di questa missione».

La missione. Erano passate solo tre settimane da quando Artemius Lucas era stato convocato dalla Marina, eppure sembravano mesi. In un primo momento, la richiesta della sua presenza a bordo della *Lincoln* in qualità di esperto lo aveva lasciato interdetto. Da uomo di scienza quale era, gli avvistamenti del mostro marino di cui parlavano i giornali lo avevano fatto sorridere. Non avrebbe certo organizzato una spedizione del "Contes de Voyage" per così poco: il giornale era apprezzato dai geografi e dalla comunità scientifica internazionale per il rigore dei suoi reportage.

Poi, però, il rapporto della capitaneria di porto e le testimonianze dei poveretti che erano riusciti a salvarsi lo avevano convinto. Quella che sembrava una diceria si era trasformata in una potenziale scoperta scientifica, e come sempre tutto era stato organizzato in pochi giorni.

Che salto aveva fatto il giovane Jules, quando Artemius gli aveva proposto di unirsi a loro! Il ricordo dell'emozione del ragazzo lo fece sorridere.

CAPITOLO DUE

«Gli avvistamenti del mostro marino si sono moltiplicati, negli ultimi mesi» continuò Farragut, distogliendo Artemius dai suoi pensieri. Il fumo denso e nero che fuoriusciva dalla ciminiera saliva fino ad avvolgere le grandi vele della nave. «Dicono che abbia la pelle di ferro e l'alito acido... Voi credete che esista veramente?»

Gli occhi di Artemius brillarono di una luce intensa, come sempre quando c'era un mistero da risolvere o una scoperta sensazionale vicina. Una parte di lui sperava davvero che una simile creatura fosse reale.

«Se esiste, è mio preciso dovere studiarla» si limitò a dire, scrollando le spalle.

Sbandando a destra e sinistra, un uomo si fece strada verso di loro sul ponte della nave. Il contabile del "Contes de Voyage", Monsieur De l'Ennui, dopo tanti viaggi al seguito di Artemius Lucas si era finalmente abituato al mal di mare, ma ancora non riusciva a camminare in linea retta. Mentre avanzava incerto, seminava dietro di sé una quantità di fogli pieni di appunti.

«È una sciagura!» borbottò, con la testa ancora immersa nei conti.

Artemius lo osservò con espressione bonaria. Era il suo collaboratore più fidato, anche se non lo si sarebbe certo potuto definire un uomo d'azione!

«Monsieur De l'Ennui, se non la smettete di consumare carta, manderete in rovina il giornale!» gli disse.

«Non vi preoccupate! I fogli sono del capitano Farragut» rispose, senza cogliere l'ironia di Artemius. «Ma i conti non tornano lo stesso!»

I racconti dei viaggi di Artemius Lucas erano famosi in tutta Parigi, ma ultimamente le finanze del giornale versavano in una situazione preoccupante. Per questo il contabile annotava meticolosamente tutte le spese superflue.

«Questa deviazione di rotta ci costerà sei pasti in più!» incalzò De l'Ennui. Quando si trattava di numeri, era capace di tenere testa a chiunque.

«Non potevamo dare la caccia al mostro marino più vicino a casa?»

Come se fosse stato evocato da quelle parole...

«Sul ponte! Sul ponte! Il mostro!» gridò all'improvviso il marinaio di vedetta.

Un'ondata gigantesca si abbatté senza preavviso sulla *Lincoln*.

L'equipaggio, investito dall'acqua, si sparpagliò sull'imbarcazione come biglie lanciate su un tavolo.

Il capitano Farragut si precipitò nella cabina di pilotaggio, dando ordini ai suoi uomini: «Tutti ai vostri posti: preparate l'artiglieria!».

Nonostante gli sforzi del capitano, il caos cominciò a dilagare sulla nave e il panico si impadronì di tutti.

O meglio, non proprio di tutti... Assicurandosi con delle cime, Jules e Amelie si erano aggrappati alla balaustra e sembravano perfettamente padroni della situazione. Come se fossero abituati a trovarsi in circostanze simili!

«Amelie! Dobbiamo raggiungere il ponte superiore!» gridò Jules all'amica, che teneva in braccio uno strano animaletto. Era Sophia, la femmina di lemure dalla lunga coda striata da cui la padrona non si separava mai.

Mentre i due si staccavano dalla balaustra, si udì di nuovo l'urlo della vedetta: «Eccolo! Arriva!».

Il marinaio fece appena in tempo ad aggrapparsi alla scaletta prima che una seconda ondata, più imponente e violenta della prima, spazzasse il ponte della *Lincoln*.

Quando, poche settimane prima, Jules aveva letto il breve messaggio contenuto nella lettera di Artemius, non avrebbe certo immaginato che di lì a pochi giorni si sarebbe trovato a bordo di una nave sulle tracce di un mostro marino. Dopo le avventure in Africa e l'incredibile viaggio in Islanda, si era reso conto che essersi offerto come apprendista tuttofare al seguito della redazione era stata un'ottima scelta. Ma questa spedizione superava qualsiasi previsione!

"Se voglio venire con voi?" aveva risposto alla proposta di Artemius.

Contenendo a stento l'entusiasmo, e fingendo di non avere già lo zaino pronto, si era imbarcato, ansioso di vivere un'altra grande avventura...

Ora, però, sembrava che l'avventura fosse arrivata persino troppo in fretta!

Jules e Amelie raggiunsero Artemius e De l'Ennui sul ponte superiore della nave. Il viso del contabile, che tremava aggrappato a un grosso salvagente, era dello stesso verde del suo cravattino. Artemius, invece, scrutava le acque con il binocolo.

«Si avvicina di nuovo!» esclamò, indicando un'ombra scura che procedeva a gran velocità sotto il pelo dell'acqua.

Facendo vibrare le corde sopra di loro, un uomo robusto si calò dalla vedetta, brandendo una lunga fiocina di ferro. Il canadese Ned Land era riuscito a imbarcarsi sulla *Lincoln* grazie alla sua esperienza sulle baleniere e da quel momento non aveva mai abbandonato la postazione di vedetta: non voleva perdere l'occasione di ottenere un altro trofeo da esibire.

L'uomo atterrò con un salto sul ponte accanto ai ragazzi. Si ravvivò i capelli rosso fuoco e impugnò la fiocina, pronto a scagliarla.

Tutti videro il lungo dorso grigio della bestia fuoriuscire dall'acqua.

«Aspettate!» urlò Amelie, aggrappandosi al braccio del fiociniere che stava già tendendo i muscoli per lanciare.

L'ombra protese una bellissima coda, che svettò fra gli spruzzi per poi immergersi di nuovo.

CAPITOLO DUE

Ned Land scosse il braccio, liberandosi dalla stretta di Amelie.

La fiocina sibilò nell'aria, viaggiando a gran velocità. Amelie la osservò compiere la sua parabola, con il cuore in gola...

«Evviva!» gridò infine, vedendola mancare il bersaglio e sparire tra i flutti.

Ned Land si girò verso di lei con gli occhi pieni di rabbia: «Mi avete fatto sbagliare il colpo!».

Amelie lo rimproverò: «Era solo una balena!».

Jules e De l'Ennui tirarono un sospiro di sollievo.

«Se il mostro esiste davvero, si farà vivo» disse Artemius Lucas, con una nota di speranza nella voce. «... E presto!»

3.

GLI OCCHI DEL MOSTRO

Quella sera, Jules e Amelie sedettero a tavola con i marinai, mentre Artemius fu invitato alla mensa degli ufficiali.

In un primo momento non si parlò d'altro che dell'incidente della balena. Poi fu l'abilità di Ned Land nel lancio della fiocina a tenere banco tra gli uomini di bordo: il canadese amava essere al centro dell'attenzione e stuzzicava la curiosità dei compagni di viaggio con aneddoti spaventosi.

«Conosco un marinaio maltese che ha visto il mostro» disse, sporgendosi verso i commensali e spostando gli occhi chiari dall'uno all'altro.

CAPITOLO TRE

L'intero equipaggio pendeva dalle sue labbra. «Mi ha raccontato di una notte, al largo delle coste spagnole» continuò, abbassando di proposito la voce, «in cui la sua nave non ha fatto in tempo a virare e il mostro l'ha centrata in pieno. Il maltese giura che aveva l'alito acido e la pelle di ferro!»

Anche Jules, pieno di meraviglia, non si perdeva una parola e prendeva appunti sul suo taccuino pieno di disegni e frasi scarabocchiate.

Allo stesso tempo, però, iniziava a sentire i morsi della fame, così, quando arrivò il cuoco reggendo un grande vassoio pieno di piatti, non si dispiacque troppo per l'interruzione.

Dietro di lui, e dietro il pesce arrosto con le patate, Jules e Amelie videro arrivare Sophia e Hatteras, il cane di Artemius.

«Ecco dove eravate finiti!» esclamò Jules, accogliendo Hatteras con una grattatina dietro le orecchie. Sophia invece gli balzò sulle spalle, sporgendosi per annusare i piatti già in tavola.

Mentre Jules divorava la sua triglia, Amelie allontanò il piatto sbuffando e lanciando occhiatacce in direzione di Ned Land.

«Non hai fame, Amelie?» le chiese lui, cauto.

Sapeva per esperienza che la ragazza aveva un carattere impulsivo e si infiammava facilmente.

«E come faccio a mangiare con il sottofondo di quello sbruffone!» borbottò l'amica.

«Ma cosa dici?» ribatté Jules, facendole segno di abbassare la voce. «Quello di oggi poteva essere il mostro!»

«Non esiste nessun mostro, Jules!» rispose decisa. «Sono tutte frottole, storie da marinai!»

Una risata fragorosa coprì le parole della ragazza. L'equipaggio era esploso a una battuta di Ned Land e gli uomini si assestavano grandi pacche sulle ginocchia.

«Ed è vero che sventra le navi con il suo rostro?» chiese un vecchio marinaio.

Ned sorrise: «Proprio così. Ha un corno duro come il diamante e più lungo di qualsiasi narvalo mai avvistato nei sette mari!».

CAPITOLO TRE

A quell'affermazione, Amelie non riuscì a trattenersi e scattò in piedi.

«E anche il mostro che avete attaccato oggi aveva un corno duro come il diamante, Monsieur Land?» lo provocò.

Il fiociniere sorrise alzando le sopracciglia cespugliose. «No, signorina, non ce l'aveva» rispose pacato.

«E non aveva nemmeno l'alito acido o la pelle di ferro, giusto?» lo incalzò Amelie.

I marinai giravano lo sguardo dall'uno all'altra, curiosi di vedere chi l'avrebbe spuntata.

Anche Jules ascoltava, teso.

«No, direi proprio di no!» disse Ned, con il tono di chi parla con un bambino noioso.

«Perché era solo una balena!» concluse lei. «Potevate ferire quella creatura per la vostra smania di giocare al grande fiociniere!»

«Lo vedremo, quando incontreremo il mostro, se non ci sarà bisogno di un bravo fiociniere!» esclamò Ned Land, deciso a non farsi riprendere da una ragazzina davanti a tutto l'equipaggio. «Io lo ucciderò e voi mi ringrazierete!»

Amelie si avvicinò all'uomo, niente affatto intimidita dalla sua mole: «Voi volete solo mettere le mani sulla ricompensa offerta dalla Marina. Siete un avido...».

«Ferma, Sophia!» l'urlo fece voltare tutti. Jules stava litigando con il lemure che gli aveva appena rubato la triglia dal piatto. «Non ho finito di mangiare, lasciala!»

Sophia riuscì a strappargli il pesce dalle mani e schizzò via, seguita da Hatteras che abbaiava reclamando la sua parte del bottino.

Jules gli corse dietro, sfilando davanti a Ned e Amelie tra le risate dei presenti.

La ragazza era furiosa: ora che Jules aveva dato

spettacolo, non l'avrebbero più presa sul serio!

«Jules Verne, ti giuro che certe volte io...» borbottò fra i denti mentre usciva stizzita, girando le spalle a Ned Land e ai marinai che ancora se la ridevano. In un modo o nell'altro, Jules era riuscito a interrompere la discussione.

Dopo cena, Ned riprese il suo posto in cima all'albero maestro, sulla pedana di legno della vedetta.

L'oceano sembrava addormentato. L'acqua era immobile e silenziosa, a parte il rollio ritmico dei motori della *Lincoln*.

L'aria stagnante aveva portato un leggero velo di nebbia e il canadese strizzava gli occhi cercando l'orizzonte nel buio, mentre affilava la punta della sua fiocina.

«Ma cosa...» mormorò a un tratto, immobilizzandosi.

Lontani, ma ben visibili, due globi fluorescenti fluttuavano pochi metri sopra il pelo dell'acqua.

Ned li fissò, paralizzato dalla tensione.

CAPITOLO TRE

I due globi si avvicinarono rapidamente. Una grande massa scura si delineò dietro alle sfere luminose.

Pochi minuti ancora, e di qualsiasi cosa si trattasse, quella massa sarebbe entrata in rotta di collisione con la *Lincoln*... Nessuna nave poteva percorrere quella distanza in così poco tempo.

Ned si scosse, non aveva dubbi: «Quegli occhi... lo sapevo! Questa volta è davvero il demonio!».

Si precipitò alla campana e diede l'allarme con foga, richiamando sul ponte i marinai addetti alle armi.

«Dritta di prua!» continuò, indicando davanti a sé la grande massa che avanzava nella nebbia.

Le grida di Ned avevano svegliato anche Jules e Amelie che, increduli, si sporgevano dal parapetto per scrutare nel buio.

«Visto?» disse il ragazzo con un misto di trionfo e apprensione. «Il mostro esiste davvero!»

Amelie non era altrettanto entusiasta: «Sì e ci sta venendo addosso!».

4.

UN BAGNO IMPREVISTO

L'equipaggio era tutto sul ponte. Persino De l'Ennui e Esther, la governante di casa Lucas, erano usciti dalle loro cabine.

«Amelie! Amelie! Mettiti al riparo!» gridava la donna. Finora era rimasta chiusa nella sua stanza, ma avrebbe affrontato qualsiasi pericolo pur di proteggere la sua Amelie – e assicurarsi che si comportasse sempre come una vera signorina.

«Oh, che modi!» urlò poi a Ned Land, che scendendo come un fulmine dall'albero maestro per poco non la travolse.

De l'Ennui tremava come una foglia ed era in

buona compagnia: anche Hatteras se ne stava rintanato in un cantuccio in preda al panico. Tutta quell'agitazione era davvero troppo per i due.

Senza bisogno di dire altro, cane e uomo si scambiarono uno sguardo d'intesa e seppero istintivamente cosa fare: battere in ritirata!

De l'Ennui si lanciò verso la sua cabina, e in un attimo erano già chiusi dentro a tripla mandata.

Intanto, Ned aveva raggiunto la sua postazione di attacco: una torretta con un seggiolino su cui era fissato un grosso cannone spara-fiocine.

La fiocina montata sull'arma era molto più grande e pesante di quella che Ned aveva utilizzato contro la balena. Il cannone, poi, garantiva una velocità e una precisione che non avrebbero certamente lasciato scampo a nes-

sun animale marino, demone o cetaceo che fosse.

«A noi due, mostro!» sibilò l'uomo nel buio, prendendo posto sul seggiolino.

La potenza dell'arma era tale che per non essere sbalzati via bisognava fissarsi a una cintura di sicurezza. Ned strinse rapidamente la cinghia e afferrò la leva di puntamento.

«Questa volta non ti mancherò!» urlò con un ghigno.

Nel mirino i due globi luminosi si avvicinavano rapidamente. Dopo qualche secondo si trovarono esattamente al centro del puntatore.

I marinai sul ponte trattenevano il fiato.

Jules si girò a osservare Amelie e vide che anche lei seguiva i movimenti del fiociniere con ansia.

Finalmente Ned fece fuoco e la fiocina partì come un'enorme freccia scagliata nel cielo contro la luna piena, trascinandosi dietro una lunga catena di ferro a maglie spesse.

L'arma sibilò salendo velocissima e poi iniziò la sua parabola in discesa vibrando nell'aria fredda della notte. L'unico rumore che si sentiva a bordo era il cigolio stridulo della catena che si srotolava man mano che la fiocina si allontanava.

La punta dell'arma toccò il bersaglio conficcandosi nella pelle del mostro con un sonoro clangore metallico.

I globi luminosi e la sagoma scura sparirono sotto la superficie dell'acqua.

«Ah! Ti ho preso!» esultò Ned.

«Urrà!» gridarono i marinai, lanciando in aria i berretti e scambiandosi pacche sulle spalle.

Dopo la tensione di quei giorni di navigazione, quel colpo sembrò annunciare la fine di una missione lunga e pericolosa.

Attirato dalle grida dell'equipaggio, De l'Ennui decise di uscire di nuovo sul ponte. Tre giri di chiavistello e la porta della sua cabina si aprì lentamente. Trascinato dall'aria festosa, Hatteras fu il primo a correre accanto a Jules scodinzolando.

Ma l'atmosfera sul ponte era destinata a cambiare molto in fretta...

Ned stava ancora esultando per il suo lancio perfetto, quando all'improvviso si bloccò, raggelato da un rumore inaspettato.

La catena della fiocina si stava tendendo, come se... il mostro la stesse tirando!

«Ma... non è possibile!» esclamò, paralizzato dal terrore. In tutti i suoi viaggi per mare non aveva mai visto niente di simile.

De l'Ennui, alzando gli occhi, se ne uscì con uno dei suoi «*Parbleu!*», prima di affrettarsi a tornare in cabina. Hatteras, rimasto fuori, iniziò a grattare sulla porta, uggiolando.

Jules osservava la catena, preoccupato.

«Il mostro sembra non aver accusato il colpo...» mormorò. «E se continua a tirare così, fra poco resteremo senza lenza!»

Le previsioni di Jules si rivelarono esatte. La catena arrivò alla fine e si tese con uno schiocco che fece tremare tutto il ponte.

Il tempo sembrò fermarsi per un istante.

Poi il mostro riprese a tirare e la nave si mosse:

quell'essere stava trainando la *Lincoln* come un cane al guinzaglio!

Le assi del ponte iniziarono a scricchiolare paurosamente. Solo allora Ned capì la gravità della situazione: doveva scendere subito dal seggiolino!

Il fiociniere iniziò ad armeggiare freneticamente con la cinghia della cintura di sicurezza.

Troppo tardi: con un ultimo strappo il mostro sradicò la torretta dal ponte.

I passeggeri della *Lincoln* la videro schizzare nell'aria insieme all'uomo.

«Presto, fate qualcosa!» gridò Artemius, avvicinandosi al parapetto con il bastone. Se fosse stato più giovane si sarebbe buttato in acqua senza pensarci un secondo, ma la vecchia ferita alla gamba gli dava problemi quando si trattava di muoversi in fretta.

Il capitano Farragut diede ordine di calare le scialuppe e i suoi uomini si misero subito al lavoro. La manovra però richiedeva tempo, più di quello che Ned aveva a disposizione.

«Non si apre, dannazione!» gridava il fiociniere, lottando per slacciare la cintura.

Stava affondando. Solo il legno che si era staccato insieme alla torretta lo teneva ancora a galla.

«Bisogna fare qualcosa!» gridò Amelie. «Il cannone lo trascinerà a fondo!»

I marinai armeggiavano freneticamente con le funi, ma alcune scialuppe erano state danneggiate dall'impatto con la catena e bloccavano la discesa delle altre.

«Un momento...» mormorò Jules, cercando di concentrarsi. Era convinto che con un po' di astuzia fosse possibile uscire anche dalle situazioni più difficili.

«Ci sono!» disse infine, guardandosi attorno. «Mi basta soltanto...»

Ma Amelie lo prese

alla sprovvista: «Troppo lento, Monsieur Verne!».

Con un salto salì sul parapetto e si tuffò, scomparendo nelle profondità dell'Atlantico.

Dopo qualche istante riemerse e con poche bracciate raggiunse Ned.

«Lasciatemi, signorina!» gridò il canadese. «Mettetevi in salvo!»

Dopo aver sradicato la torretta, il mostro era sparito di nuovo, ma non era da escludere la possibilità che tornasse all'improvviso.

Tuttavia in quel momento il mostro non era il pericolo maggiore: «Se non riusciamo a sciogliere questa cinghia» gridò Amelie, «sarete sul fondo dell'oceano prima che il mostro riesca a mangiarvi!».

5.

SCOMPARSI!

Per quanto Ned e Amelie si sforzassero, la cinghia non cedeva. Il fiociniere aveva ormai l'acqua alla gola, e preso un ultimo respiro scomparve tra i flutti, affondando insieme al cannone.

«No!» gridò Amelie, e subito lo seguì sott'acqua.

Sul ponte della *Lincoln*, Esther scuoteva il braccio di Artemius con tutte le sue forze.

«Non ce la faranno! Non ce la faranno!» gemeva, asciugandosi gli occhi con un fazzoletto grande quanto un lenzuolo.

Artemius fremeva per la preoccupazione e stava per correre alle scialuppe sull'altro lato della nave,

quando la voce di Jules fece girare tutti: «Sempre avventata, Mademoiselle Lucas!».

Gli uomini restarono a bocca aperta mentre il ragazzo prendeva lo slancio dal parapetto e si gettava volando verso le onde agitate.

«Non preoccupatevi, Monsieur Lucas, torneremo!» gridò, prima di scomparire tra i flutti, con gambe e braccia tese in un tuffo perfetto.

Solo allora Artemius notò la corda che il ragazzo si era legato a una gamba. L'altro capo della cima era annodato a una grossa bitta sul ponte.

Si augurò che Jules sapesse quello che faceva.

«Oh, no! Anche lui!» gridò Esther afflitta.

Hatteras e Sophia correvano su e giù per il ponte. Il lemure lanciava piccole grida spaventate e il cane non la smetteva più di abbaiare. Appurato che Jules non riemergeva dall'acqua, Hatteras prese la decisione più coraggiosa della sua vita.

Sophia cercò di trattenerlo. Lo tirò per la pelliccia, per le orecchie, gli si attaccò alla coda con tutte le sue forze, ma non ci fu nulla da fare.

Hatteras spiccò un balzo scavalcando il parapetto della *Lincoln* e dopo un volo di diversi metri si ritrovò in acqua.

Esther non credeva ai propri occhi.

«Un altro!» gridò, esasperata. «Ci manca solo che si tuffi anche De l'Ennui e siamo a posto!»

Nelle profondità dell'oceano, intanto, Amelie e Ned lottavano contro la cinghia di sicurezza. La riserva di ossigeno nei polmoni stava per esaurirsi e i due avevano ormai solo pochi secondi per tornare in superficie.

Jules arrivò appena in tempo. Con lo sguardo che già gli si annebbiava, Ned vide il ragazzo che nuotava verso di lui tenendo qualcosa in mano.

CAPITOLO CINQUE

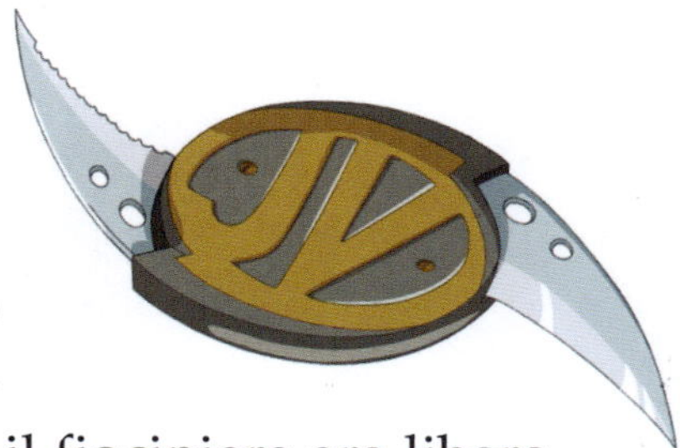

Jules fece scattare la lama nascosta nella fibbia della sua cintura e tagliò in fretta il cuoio della cinghia di sicurezza.

Qualche secondo dopo, il fiociniere era libero, mentre il cannone continuava da solo il suo viaggio verso l'abisso.

Ned e Amelie si affrettarono a risalire in superficie con le ultime forze rimaste.

«Aaaahhh!» esclamò la ragazza, uscendo con la testa dall'acqua. «Non ho mai amato tanto l'aria come in questo momento!»

Dopo di lei emersero anche Ned e Jules.

«State bene?» chiese il giovane Verne, rimettendo la lama nella fibbia.

«Grazie, ragazzo! Quel tuo aggeggio mi ha salvato la vita!» rispose Ned, ansimando.

Poco distante, anche Hatteras nuotava per raggiungerli, contento di vederli tutti sani e salvi.

Sulla *Lincoln*, Artemius e Esther esultarono.

«Lo sapevo che ce l'avrebbero fatta!» disse la governante, asciugandosi gli occhi umidi, questa volta per l'emozione.

I marinai erano quasi riusciti a sbloccare una scialuppa di salvataggio, quando nell'aria risuonò improvviso uno sparo.

Il comandante Farragut e i suoi uomini si guardarono attorno stupiti.

Chi poteva aver esploso uno sparo, lì, in mezzo all'oceano?

Non c'erano navi in vista.

Artemius fu il primo a sentire il sibilo.

Sembrava lo schiocco di una frusta e si faceva sempre più forte, come se si stesse avvicinando...

«E questo cos'è?!» si lamentò Esther, con il naso all'insù.

«Non può essere...» mormorò Artemius.

Fu questione di un attimo: la fiocina di ferro lanciata da Ned stava tornando indietro! Come una saetta attraversò il ponte della *Lincoln*, pronta a distruggere la nave che l'aveva scagliata.

«Via!» gridò Artemius, gettandosi sul capitano Farragut.

Appena in tempo: la fiocina evitò i due uomini per un soffio, prima di trapassare da parte a parte il massiccio albero maestro della nave.

L'arma si incastrò nel legno, ma attaccato alla coda aveva ancora un lungo tratto di catena in movimento.

Le maglie pesanti, lanciate a gran velocità, si abbatterono sul ponte come grandine metallica. Infransero i vetri della cabina di comando e si conficcarono nelle paratie, lasciando una profonda cicatrice.

Esther e Sophia si abbracciarono, abbassandosi per evitare le schegge di vetro e legno che volavano dappertutto.

Poi, passato il pericolo, gli uomini si rialzarono e corsero a verificare i danni.

Artemius si avvicinò alla lunga asta di ferro piantata in mezzo al tronco di legno.

«Non è possibile: nessun animale potrebbe lanciare una fiocina con questa forza...» commentò.

Ma la priorità, in quel momento, era recuperare i ragazzi che erano ancora in acqua, in balia delle onde violente provocate dal movimento improvviso della nave.

«Presto!» gridò Farragut ai suoi uomini. «Forza con quella scialuppa! Non perdiamo altro tempo!»

«Capitano, il tempo è proprio quello che ci manca!» ribatté Artemius, mentre controllava con il binocolo la posizione del mostro.

I due globi fluorescenti erano ricomparsi e avevano ripreso ad avvicinarsi a gran velocità.

La mole immensa della creatura in movimento creava onde poderose che sbattevano contro lo scafo della *Lincoln*.

La nave iniziò a oscillare. Esther si aggrappò al parapetto per non cadere e Sophia, spaventatissima, le si strinse al collo tutta tremante.

«Oh, poveri noi!» disse la governante. «Il mostro ci divorerà tutti!»

Artemius gridava ai ragazzi di sbrigarsi, ma la

sua voce si perdeva nella notte fra il rumore delle onde e quello dei motori della nave.

Jules, Ned e Amelie nuotavano più veloci che potevano, ma le acque agitate rendevano difficile procedere.

«Forza! Manca poco!» li incitò Jules, slacciandosi la corda che aveva alla caviglia. «Prendete questa...»

Ned fece appena in tempo ad allungare la mano, che un'onda enorme li travolse.

La spinta della corrente provocata dal mostro risucchiò i ragazzi di nuovo sotto la superficie, nel buio delle profondità dell'oceano.

Sballottato dai flutti, Jules ebbe solo il tempo di scorgere per un istante Amelie e Hatteras che venivano tirati a fondo insieme a lui.

Poi svenne e non vide più nulla...

Mentre Artemius, disperato, invocava aiuto, il marinaio di vedetta lanciò l'allarme: «Capitano, il mostro si sta immergendo!».

Farragut seguì con il binocolo la misteriosa mole scura che si inabissava.

Pochi secondi dopo, a testimoniare la presenza della creatura marina non rimanevano che le onde immense che si avvicinavano veloci verso la nave.

«La corda!» gridò allora Esther. «La corda di Jules si muove!»

La cima che il ragazzo si era legato alla gamba si stava tendendo con uno scricchiolio.

«Presto, tiratela su!» ordinò il capitano.

Artemius, Esther e Sophia si precipitarono ad aiutare i marinai.

Una mano comparve dalle acque e si aggrappò al parapetto... era Ned Land.

Il fiociniere si issò a bordo con difficoltà, stremato e sconvolto da quello che aveva appena passato.

Artemius lo prese per una mano e lo aiutò a stendersi sul ponte.

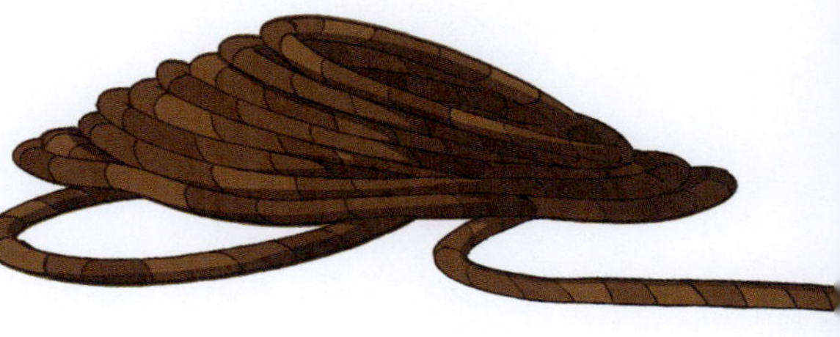

«Amelie e Jules?» chiese con la voce che tremava per la speranza e la paura.

Ma il fiociniere scosse la testa, affranto.

Artemius sgranò gli occhi, incapace di parlare. L'acqua era tornata calma e silenziosa. Il mostro era scomparso e con lui anche i ragazzi!

6.

NEL VENTRE DEL MOSTRO

La prima cosa che Jules vide, quando riaprì gli occhi, fu la lingua di Hatteras che gli leccava la faccia, spargendo saliva da tutte le parti.

«Buono, Hatteras, buono! Sono già abbastanza bagnato!» mormorò.

Ma non era più in acqua! Appena se ne accorse, Jules si svegliò del tutto: «Dove siamo?».

Si trovava in una cabina che non aveva mai visto prima, immersa in una strana luce azzurra che proveniva da un oblò.

«Non mi pare di essere sulla *Lincoln*...» continuò, alzandosi dalla cuccetta su cui era steso.

I suoi abiti erano piegati in ordine su una sedia poco distante. Qualcuno lo aveva rivestito con una uniforme viola, di un tessuto che non riuscì a riconoscere. Sulla cintura campeggiava una grossa lettera "N" dorata.

«Che strano... non ho mai visto questo simbolo!» disse, guardandosi attorno con più attenzione. «E nemmeno una tecnologia come questa!»

La cabina era piccola, ma piena di attrezzature strane di cui Jules non riusciva a capire la funzione. Intuiva però che erano opera di una mente geniale.

«Sembra ancora notte!» constatò guardando oltre l'oblò. Si vedevano solo ombre scure. «Qualcuno deve averci tratto in salvo e...»

Solo allora i ricordi lo investirono come un fiume in piena: il tuffo, la corsa per salvare Ned, l'onda e...

«Amelie! Dov'è Amelie?!» esclamò, rivolto ad Hatteras. Il cane sembrò capire e si girò verso una delle pareti della cabina.

Jules individuò una fessura nella paratia, e intuì che doveva trattarsi di una porta. Ma non vedeva maniglie né serrature. Provò ad aprirla tirando, spingendo, la prese a spallate, ma fu tutto inutile.

«Non si apre!» si arrese scoraggiato, massaggiandosi il braccio. Poi si ricordò che insieme ai vestiti doveva esserci anche la sua fibbia...

«Ah! Siamo fortunati, Hatteras!» esultò, estraendo la lama e provando a infilarla nella fessura.

Hatteras, seduto sulle zampe posteriori, lo osservava perplesso.

«Ecco... ci sono...» disse Jules, spingendo con tutte le sue forze. Ma il materiale di quella strana nave era davvero speciale: non riuscì nemmeno a scalfirlo!

Stava per arrendersi, quando Hatteras si alzò e si appoggiò con disinvoltura a una sfera rossa in basso sulla destra. La sfera rientrò con un rumore meccanico, si sentì uno sbuffo e la porta si aprì scorrendo verso l'alto.

Il mastino trotterellò fuori con aria soddisfatta e si girò a guardare Jules, che lo fissava a bocca aperta.

La cabina si affacciava su un lungo corridoio ricurvo. I grandi spazi deserti avevano qualcosa di inquietante... Si trattava davvero di una nave? O su quale strano marchingegno erano finiti?

L'unico rumore che si sentiva era un tonfo cupo che rimbombava attraverso lo strano metallo delle paratie. Lontana, appena percettibile, arrivò l'eco di una musica d'organo. Quelle note tristi e sublimi rendevano l'atmosfera di quel posto ancora più misteriosa.

Hatteras abbaiò e si diresse convinto nella direzione da cui proveniva il suono. A Jules non restò che seguirlo.

Man mano che si inoltravano per i corridoi, la melodia si faceva sempre più forte. Era struggente e ripetitiva, replicata in modo ossessivo.

Hatteras si fermò davanti a una porta più grande delle altre. La aprì con il solito pulsante rosso.

Se Jules, poco prima, si era stupito alla vista della sua piccola cabina, quella sala lo lasciò letteralmente a bocca aperta. Era un ambiente enorme, di forma circolare, sormontato da una volta gigantesca. Sulle pareti, immensi bassorilievi di cartine geografiche rappresentavano tutti i luoghi conosciuti.

Sul soffitto si stagliava una riproduzione accurata delle costellazioni e, al centro della cupola, grandi sfere fluttuavano sospese nell'aria, fedeli per grandezza e posizione ai pianeti del sistema solare.

In mezzo alla sala troneggiava un organo a canne così maestoso, che chiunque si fosse curvato sui suoi tasti per suonarlo sarebbe apparso un essere minuscolo. Ora, però, nessuno lo suonava: la musica era cessata.

Passò qualche secondo prima che Jules riuscisse a pronunciare una parola.

«Ma... ma sto ancora dormendo?!» balbettò, conquistato da tanta bellezza.

Aveva la sensazione di trovarsi in un regno incantato, in cui l'amore per la scienza, la fame di sapere, l'istinto per l'esplorazione si fossero fusi per generare un universo nuovo e speciale, fatto di arte e tecnologia.

Quando finalmente riuscì a muovere qualche passo nella sala, Jules la vide: «Amelie!» esultò, correndo verso l'amica.

Anche lei indossava la stessa tuta viola, ed era ferma in una piccola rientranza vicino a un grande oblò.

Amelie non si voltò: era troppo concentrata a guardare attraverso il vetro.

Quando la raggiunse, Jules la investì di domande: «Stai bene? Dove siamo? Chi è che...», ma le parole gli si spensero sulle labbra non appena si rese conto di quello che aveva davanti. Lo sguardo di Amelie era perso oltre una vetrata che si apriva direttamente sul fondale dell'oceano.

Le rocce, ricoperte di lunghe alghe verdi e rosse, erano attraversate da miriadi di pesci di tutte le forme e le dimensioni. Si muovevano in banchi compatti, in uno spettacolo di colori stupefacente. Jules li seguiva con gli occhi, tentando di riconoscerne le specie, ma alcuni non li aveva mai visti prima.

«Non è possibile!» esclamò.

Amelie sorrise: «Siamo nel ventre del mostro, Jules».

«Chiamare mostro una tale meraviglia» commentò una voce cavernosa alle loro spalle «mi sembra del tutto fuori luogo.»

Un uomo si era avvicinato silenzioso e li sovrastava con la sua struttura imponente. Era forte e aveva la carnagione scura. Una profonda cicatrice gli segnava il volto e i capelli corvini nascondevano due occhi azzurri dall'espressione cupa e profonda. I due ragazzi si sentirono subito schiacciati dalla sua presenza, ma allo stesso tempo rapiti dal carisma che emanava.

Aveva la stessa intensità della musica dell'organo che aveva suonato fino a poco prima. Indossava la divisa viola con la "N" dorata, ma dal suo portamento era chiaro che di quella incredibile nave lui era il capitano.

Non fu facile per Jules, ma alla fine il ragazzo riuscì a dare voce agli interrogativi che lo tormentavano: «Dove siamo? Che intenzioni avete?».

«L'ardire è più pungente, se impari a mitigarlo con le buone maniere!» rispose l'uomo, osservandolo con attenzione. «Siete a bordo della mia creatura, il *Nautilus*, e potete considerarvi miei ospiti.»

Si girò e si diresse verso l'uscita, come se i due naufraghi non fossero per lui di alcun interesse.

Jules, però, non era soddisfatto: «Volete dire che siamo vostri prigionieri!».

«Vi ho salvato la vita» rispose l'uomo, senza voltarsi. «Non vi basta?»

Jules si morse il labbro. Non sapeva ancora di cosa fosse capace quell'uomo, ma il suo intuito gli suggeriva che era meglio tacere.

Tornato sui suoi passi, il capitano lo squadrò: «Hai dimostrato coraggio, tentando di salvare il marinaio e la tua ragazza...» iniziò a dire, ma Amelie non lo lasciò continuare.

«Veramente sono stata io, a buttarmi per prima» puntualizzò piccata. «E comunque, non sono la sua ragazza!»

Ma dal momento che l'uomo, concentrato su Jules, continuava a ignorarla, Amelie si infuriò.

«Avete attaccato la nostra nave e mio padre ci cercherà fino in capo al mondo!» sbottò, puntando l'indice contro il capitano.

«È stato un incidente» minimizzò lui, scrollando le spalle. «E ne capiteranno altri, se vi metterete ancora fra me e il mio destino!»

«Ma voi chi siete?» chiese Jules.

L'uomo lasciò vagare lo sguardo al di là della vetrata, alla vita brulicante delle profondità dell'oceano. La sua espressione si ammorbidì, ma solo per un istante.

Aveva la voce gelida quando disse: «Io sono il futuro. Io sono... il capitano Nemo».

7.

IL CUORE DELLA CREATURA

In superficie, intanto, la *Lincoln* continuava le ricerche.

Artemius era rimasto in piedi tutta la notte, gli occhi fissi sulle lenti del binocolo con cui scandagliava le acque senza sosta.

Ormai la luce del mattino brillava sulla nave, ma per quanto guardasse, il padre di Amelie non riusciva a scorgere nulla che interrompesse il moto costante delle onde blu scuro dell'oceano.

Si stropicciò gli occhi stanchi, sospirando.

Il capitano Farragut si avvicinò e gli appoggiò una mano sulla spalla.

«Siate ragionevole» disse. «I ragazzi sono in mare da troppe ore. Non possono essere sopravvissuti.»

A quelle parole, Esther, che arrivava insieme a Sophia, tirò fuori di nuovo il suo fazzoletto gigante e scoppiò a piangere.

«Oh... oh! Amelie, Jules! Piccoli miei!» gemette, inzuppando la stoffa di lacrime.

Sophia la osservava incuriosita. Poi afferrò un lembo del fazzoletto e ci ficcò dentro il muso, imitando la governante.

Farragut tossicchiò, imbarazzato. Poi, con la durezza tipica degli uomini di mare, aggiunse: «Sempre che non siano finiti nelle fauci del mostro!».

I lamenti di Esther raddoppiarono e il lemure, per imitarla, iniziò a lanciare versi striduli.

Farragut sobbalzò, colto alla sprovvista da quel concerto inaspettato.

Artemius, invece, rimase impassibile.

Senza staccare gli occhi dall'orizzonte scosse la testa. Non era ancora pronto ad arrendersi.

«Quello non era un mostro» disse il direttore

del "Contes de Voyage", con voce sicura. «Nessun animale ha la pelle di ferro e l'alito acido!»

Diverse leghe sotto la *Lincoln*, il *Nautilus* procedeva silenzioso tra i banchi di coralli e i fondali sabbiosi ricchi di alghe rossicce.

La forma allungata dello scafo ricordava la mole di un cetaceo. I due grandi globi luminosi che avevano terrorizzato i marinai della *Lincoln* erano i fari di prua.

Oltre a quello visto da Jules e Amelie, c'erano altri due grandi oblò rotondi. Ogni forma della nave era smussata e curva, con spire che somigliavano a quelle di una grossa conchiglia.

"Questo sottomarino è unico nel suo genere: una meraviglia tecnologica che farebbe la felicità di qualsiasi scienziato" pensava Jules mentre percorreva i corridoi della nave insieme ad Amelie e Nemo.

Il capitano aveva deciso di accompagnare i due ragazzi a visitare la sua splendida "creatura".

"È spaventoso!" pensava invece Amelie, fissando da un oblò il lungo rostro frontale e la lama affilatissima che sovrastava il sottomarino. "E sono i dettagli che rivelano il vero scopo di questo 'prodigio'! Il *Nautilus* è stato costruito non per portare pace e conoscenza, ma per seminare il terrore fra le imbarcazioni in superficie!"

Nemo sembrava poco interessato a tutto ciò che lo circondava, ma quando parlava del *Nautilus* una scintilla di orgoglio gli brillava negli occhi. Evidentemente, anche se sembrava distaccato, provava comunque un po' di vanità umana.

Jules si guardava intorno a bocca aperta, con l'espressione di chi assiste a un miracolo.

«Incredibile... se i miei calcoli sono esatti, questa nave è... immensa!» esclamò, dopo aver percorso lo scafo per tutta la sua lunghezza. «E viaggia interamente sott'acqua!»

Forse fu solo un gioco di luci e ombre, ma ad Amelie sembrò di intravedere un sorriso sul volto austero di Nemo.

«Possiamo restare in immersione per settimane» disse il capitano.

«Ci deve essere una sala enorme per contenere tutto il carbone necessario!» commentò Jules.

Nemo evidentemente si aspettava quell'osservazione. Si fermò di fronte a un'altra delle sue porte automatiche e la fece scattare,

contando sull'effetto sorpresa: «Non utilizziamo carbone. È il mare a fornirci tutto ciò di cui abbiamo bisogno».

Ancora una volta, Jules e Amelie restarono senza parole. La porta si aprì sulla sala macchine del *Nautilus*: un ambiente enorme, illuminato da una soffusa luce rossastra.

Giganteschi serbatoi d'acqua erano allineati lungo le pareti. Sul soffitto crepitavano fasci di energia elettrostatica, come fulmini in miniatura.

Al centro della sala svettava un'imponente struttura a forma di conchiglia, collegata ai serbatoi da una selva di tubi e macchinari che Jules non aveva mai visto prima. Dalla conchiglia partivano i cavi che fornivano energia a tutta la nave.

A sorvegliare le macchine c'erano alcuni uomini in divisa. Finalmente vedevano qualcuno! Jules si era chiesto più volte come facesse Nemo a manovrare la nave senza un equipaggio, perché fino a quel momento non avevano incontrato nessuno a bordo a parte lui.

Quando il capitano entrò nella sala, gli uomini alzarono lo sguardo. Non fecero il saluto militare né altri cenni, ma nei loro occhi si leggeva un grande rispetto.

Chi erano? E come erano finiti a bordo del *Nautilus*? Nemo sembrò indovinare i pensieri di Jules.

«Questi sono alcuni dei miei uomini» spiegò fiero. «Anime illuminate che hanno riconosciuto il genio e scelto di seguirmi e servirmi.»

Amelie sbuffò: su di lei quelle meraviglie tecnologiche non avevano certo la stessa presa che esercitavano su Jules.

«Altri criminali come voi, insomma!» disse, secca.

Nemo la fulminò con uno sguardo glaciale: «La società degli uomini di superficie può chiamarci come vuole, questo non ci riguarda!».

Jules vide l'umore del capitano mutare rapidamente, e per calmare le acque cambiò argomento.

«Questa nave utilizza energia elettrica!» disse.

Nemo sgranò gli occhi sorpreso, e ritrovata la

calma riprese a scrutare Jules con interesse. Il giovane era riuscito nell'intento di distrarlo, perché aveva intuito che per il capitano l'intelligenza aveva il massimo valore. Ed era vero, purtroppo: per Nemo l'intelligenza valeva persino più della vita umana.

«Hai indovinato, ragazzo» confermò l'uomo, indicando i serbatoi dell'acqua che bolliva costantemente. «Questo è il cuore della mia creatura. Da qui parte l'energia che si diffonde per tutta la nave. L'oceano è il mio serbatoio.»

Jules si lasciò scappare un fischio di ammirazione.

«Ricavare l'energia elettrica dai sali dell'acqua marina... pazzesco!» disse incredulo, passandosi una mano tra i capelli. «Alcuni scienziati hanno ipotizzato questa procedura, ma sono studi ancora agli inizi...»

«Ci sono molte cose che il mondo in superficie non conosce» commentò Nemo, sibillino. «Ma presto verranno svelate. Molto presto.»

«Come avete fatto?» insistette Jules.

Nemo sorrise per la prima volta, divertito dalla sete di conoscenza del ragazzo.

«Le idee più grandi sono nascoste nelle cose più semplici» rispose, indicando la struttura centrale a forma di conchiglia.

Jules avrebbe voluto fargli ancora mille domande, ma Nemo si avviò verso l'uscita.

«Ci sono altre meraviglie che voglio mostrarvi» concluse, allontanandosi a grandi passi.

Jules gli corse dietro, girandosi verso Amelie con un sorriso entusiasta.

«Hai sentito? Non è pazzesco?» disse.

«No, Jules, non è *pazzesco*: è *pazzo*! Sono due cose molto diverse!» rispose sottovoce, seguendoli preoccupata. Le fantastiche invenzioni di Nemo non le facevano cambiare idea su quell'uomo. Anzi, aggiungevano presagi nefasti sull'esito della loro avventura.

8.

FUGA SOTTOMARINA

I ragazzi seguirono Nemo fino a una cabina che aveva l'aspetto di uno spogliatoio.

Lungo le pareti era allineata una fila di armadietti e su alcune mensole si vedevano grandi caschi con le visiere di vetro.

Appena entrarono, Hatteras li accolse con salti e guaiti di gioia.

«Eccoti!» lo rimproverò Amelie. «Non devi andare in giro da solo per la nave, capito?»

Il mastino abbassò le orecchie, ma bastò una grattatina sulla testa per farlo tornare allegro.

«Vi ho portato qui per un motivo» li interruppe

Nemo, infastidito da quella scena fuori programma. «Dovete prepararvi per la prossima visita.»

Jules e Amelie si scambiarono uno sguardo stupito. Quali altre sorprese aveva in serbo per loro il capitano?

Senza tante spiegazioni, due uomini dell'equipaggio consegnarono ai ragazzi una strana attrezzatura.

«Indossatela, ci aspetta una passeggiata molto speciale» aggiunse Nemo. Poi uscì, lasciandoli soli.

Il completo era formato da una tuta aderente di un tessuto completamente impermeabile, accompagnata da stivali, bracciali e spalline di metallo. A completare il tutto, un casco come quelli che avevano visto entrando e un pesante serbatoio da portare sulle spalle.

«Non capisco perché dobbiamo metterci questa roba» si lamentò Amelie.

Nemo rientrò in quel momento con indosso la sua tuta e un lungo bastone dorato in mano.

«Perché stiamo per uscire e il fondale marino è un luogo piuttosto inospitale per chi non sa respirare sott'acqua!» spiegò, con un lampo di ironia negli occhi.

Jules fece un salto per la sorpresa.

«U-uscire?!» balbettò.

L'idea di fare una passeggiata sul fondale marino andava al di là di qualsiasi aspettativa. Per lui era un sogno che diventava realtà.

Aveva letto di uomini che scendevano a grandi profondità, ma con tute pesantissime e un cavo che li collegava alla superficie, fornendo loro l'ossigeno per respirare. Quelle tute erano un'invenzione rivoluzionaria per l'epoca.

"Un'altra idea geniale!" pensò, e osservando meglio si accorse che il bastone dorato di Nemo era in realtà una fiocina.

«L'aria che ci serve è contenuta nei serbatoi» spiegò il capitano. «In questo modo avremo molta più libertà di movimento, quando saremo sott'acqua.»

CAPITOLO OTTO

Con una piattaforma mobile che scendeva direttamente dal ventre del *Nautilus*, Nemo, i ragazzi e due uomini dell'equipaggio toccarono il fondale dell'oceano. Hatteras li osservava abbaiando da un oblò: sarebbe piaciuto anche a lui scorrazzare sul fondo del mare.

I potenti fari del *Nautilus* avevano aperto un sipario di luce su quel mondo immerso nelle tenebre, scoprendo scenari di bellezza incontaminata.

Colori incredibili brillavano tra le ombre della vegetazione marina e un mondo di esseri viventi di forme e dimensioni tra le più varie si muoveva silenzioso con magica eleganza.

Per quanto cercasse di mostrarsi indifferente alle invenzioni del capitano, anche Amelie alla fine dovette cedere all'entusiasmo.

«È... è bellissimo!» gridò nella sua maschera.

I suoni, in quel mondo ovattato, erano attutiti dall'acqua, ma Jules sorrise: bastava l'espressione sul volto dell'amica a fargli capire ciò che stava dicendo.

La prese per mano e insieme rimbalzarono fra i coralli e le rocce su cui fiorivano specie di alghe di aspetto esotico.

Il fondo del mare era soffice e i passi sollevavano una sottile nube di sabbia finissima di colore argenteo.

"Questo posto farebbe la felicità di qualsiasi esploratore!" pensò Jules, mentre banchi di pesci multicolore passavano sulle loro teste come rondini in un cielo d'estate.

Gli uomini di Nemo si misero al lavoro. Per loro quella non era una semplice passeggiata, ma una missione importante.

Il *Nautilus*, infatti, traeva tutto ciò di cui aveva bisogno dal mare, compreso il cibo, e quella zona brulicava di alghe rosse dalla foglia molto lunga. Erano piante acquatiche ricche di vitamine, che il cuoco del *Nautilus* utilizzava come verdure; gli uomini dell'equipaggio dovevano procurarne una quantità sufficiente per sfamare tutti.

Jules e Amelie si dedicarono all'esplorazione del fondale. Allontanandosi dal *Nautilus* per ammirare specie di pesci sconosciute, scoprirono subito un tesoro.

Nascosta fra le rocce aguzze del mare videro un'ostrica gigante. La conchiglia misurava almeno due metri di lunghezza. Un vero prodigio!

Amelie non riusciva a staccare gli occhi dalla perla enorme che riposava al suo interno.

Ridacchiando, fece segno a Jules di prenderla per lei.

Jules capì lo scherzo e si atteggiò a cavaliere, inchinandosi goffamente nella tuta subacquea.

Amelie scoppiò a ridere e mille bollicine di ossigeno le uscirono dal casco.

Jules si chinò sulla conchiglia e allungò le mani per prenderla ma... non aveva fatto i conti con la sua proprietaria!

L'ostrica si richiuse con uno scatto secco, intrappolandogli tutte e due le braccia.

"Però, che stretta!" pensò, tirando con tutte le forze per liberarsi. Amelie non riuscì a trattenere un'altra risata: era così buffo!

Dopo qualche tentativo, finalmente l'ostrica cedette e si riaprì all'improvviso. Jules, sbilanciato all'indietro, fece un salto di parecchi metri, atterrando goffamente sul fondale sabbioso.

La perla gli scivolò dalle mani e rotolò lontana fra le alghe, ancora più distante dal punto in cui i ragazzi avevano lasciato gli uomini di Nemo.

Era molto difficile controllare i movimenti indossando le tute, in quell'ambiente dove tutto era diverso e sconosciuto.

Jules si rimise in piedi grazie all'aiuto di Amelie, quindi i due si guardarono intorno. Realizzarono subito di essersi allontanati troppo.

La perla era rotolata in una zona buia che le luci lontane del sottomarino raggiungevano a stento. Tuttavia con un cenno d'intesa, e un filo di apprensione, decisero comunque di procedere.

In un attimo si trovarono nel buio assoluto, e quando capirono che in quelle condizioni sarebbe stato impossibile vedere la perla e decisero di tornare indietro, non era più così semplice.

Anche indietreggiando, non riuscivano a raggiungere la zona di luce. Si presero per mano cercando di scacciare la paura. C'era qualcosa che non andava. Era come se quell'ombra si spostasse insieme a loro.

Per un istante, a Jules sembrò effettivamente di vedere qualcosa che si muoveva nelle tenebre; strinse forte la mano di Amelie per segnalarle di stare tranquilla. Aveva la sensazione di trovarsi nel territorio di qualcuno che non amava gli intrusi...

Fu allora che due occhi enormi si spalancarono sopra di loro. Erano talmente grandi e così in alto, che con un rapidissimo calcolo Jules arrivò a una terribile conclusione: qualunque cosa fosse, quell'essere doveva misurare come un palazzo di tre piani!

Uno spiraglio di luce rivelò il profilo del padrone di casa: l'ombra che li sovrastava era quella di una piovra gigante!

Le iridi nere, che lampeggiavano di rabbia, si fecero ancora più vicine.

Jules e Amelie scattarono di lato per uscire dalle tenebre, appena in tempo per evitare l'enorme tentacolo che l'animale infuriato aveva scagliato

nella loro direzione. Si abbatté a vuoto sul fondo del mare, sollevando una nuvola di sabbia.

In breve, un secondo tentacolo serpeggiò sul fondale, e prima che i due ragazzi riuscissero ad allontanarsi, afferrò Amelie sollevandola in alto.

«Lasciala andare, bestiaccia!» urlò Jules, scagliando una pietra per attirare l'attenzione della piovra.

La pelle durissima dell'animale la sentì appena e un ennesimo colpo di tentacolo buttò lontano il giovane Verne.

Quindi, con una spinta poderosa, la piovra si alzò e portò via la sua preda.

Amelie tempestava di pugni le ventose che la stringevano, ma non serviva a nulla. I denti aguzzi dell'animale erano sempre più vicini.

"Pensa a qualcosa, pensa!" si ripeteva Jules, guardandosi attorno. Ma non c'era niente che potesse usare, laggiù, contro quell'animale enorme...

Non poteva finire così! Cosa doveva fare per salvare Amelie?

9.

IL NAUTILUS IN PERICOLO

Un fascio elettrico luminoso e crepitante attraversò l'acqua, raggiungendo la piovra. Jules alzò lo sguardo: a sparare era stato Nemo, con la sua fiocina elettrica. Il capitano stava su uno sperone di roccia e in quel momento gli sembrò ancora più alto e potente. Una divinità marina, in grado di dominare quel mondo strano e pericoloso.

Il secondo colpo dell'arma elettrica ottenne l'effetto desiderato: la piovra si ripiegò su se stessa, raccogliendo i tentacoli attorno al corpo.

Jules raggiunse subito Amelie che, finalmente

libera, poté fare qualche passo sul fondale: era un po' indolenzita per la stretta della piovra, ma fece capire a tutti che stava bene. Quella disavventura sembrava finita nel modo migliore.

Grazie a Nemo.

I due ragazzi guardarono il capitano, che accennò un sorriso soddisfatto.

La piovra, però, non sembrava disposta a cedere tanto facilmente. In breve raccolse le energie e tornò a lanciarsi contro di lui. Sotto la spinta dei tentacoli, divorò in pochi secondi la distanza che li separava.

Mentre Jules e Amelie trattenevano il respiro, Nemo la osservò arrivare immobile, senza sparare.

L'animale aveva preso tanta velocità da sembrare completamente fuori controllo. Fu proprio la sua rabbia a giocare contro di lei.

A un secondo dall'impatto, Nemo balzò via agilmente, lasciando che si schiantasse contro lo sperone di roccia.

Atterrò sul fondale con una capriola, evitando la

valanga di detriti e sabbia provocata dallo scontro.

A quel punto la piovra divenne una furia: si riprese subito e spazzò il fondale con tutta la forza che le era rimasta nei tentacoli.

Nemo non riuscì a evitare il colpo e si ritrovò scagliato contro la barriera corallina.

Ancora una volta, la piovra lo caricò, precipitandosi a gran velocità contro la barriera.

Per fortuna il capitano aveva ottimi riflessi e riuscì a rotolare via in tempo. Si rigirò e fece fuoco con la fiocina.

Il fascio elettrico colpì il bersaglio. L'animale, stremato, si abbatté a terra contorcendosi fra le scintille provocate dalla corrente ad alto voltaggio.

Una macchia nera si diffuse tutt'intorno.

Jules si girò verso Amelie sorridendo e le fece capire a gesti che era tutto finito.

Nemo, però, non era altrettanto ottimista.

I suoi uomini lo avevano raggiunto e il capitano fece segno a tutti di tornare in fretta alla nave.

Il gruppo nuotò verso la piattaforma mobile,

dove Hatteras li aspettava impaziente scrutando il mare dall'oblò.

Tornati a bordo, i ragazzi si sentirono finalmente al sicuro. Nella camera stagna, attesero che l'acqua venisse pompata fuori e poi si tolsero il casco, respirando a pieni polmoni.

Jules si lasciò cadere a terra, esausto. Anche gli uomini dell'equipaggio ansimavano. La corsa per rientrare era stata dura per tutti.

Hatteras balzò incontro a Jules e Amelie, e quasi li buttò a terra, tanto era felice di vederli sani e salvi.

«Vi dobbiamo la vita!» esclamò Jules rivolgendosi a Nemo, che scrutava serio fuori da un oblò. Ancora una volta, l'accenno di un sorriso si disegnò agli angoli della bocca del capitano.

Amelie stava accarezzando Hatteras, ma non poté fare a meno di notarlo.

L'uomo era diverso con il ragazzo, come se avesse bisogno di qualcuno capace di ammirare le sue doti e le sue creazioni.

"E Jules è così ingenuo e pieno di entusiasmo!" pensò, con una stretta al cuore. "Se si lascia affascinare da Nemo ne soffrirà... e saremo tutti in grave pericolo!"

Amelie ricordava ancora molto bene l'attacco che avevano subito sulla *Lincoln* e non poteva dimenticare suo padre, che in quel momento stava sicuramente scandagliando l'oceano per cercarli.

All'improvviso, una scossa molto forte costrinse il gruppo ad aggrapparsi alle paratie. Amelie dovette rimandare le sue riflessioni: non era ancora il momento di abbassare la guardia.

Hatteras rotolò abbaiando da una parte all'altra della stanza. Sembrava che il *Nautilus* fosse stato travolto da una tempesta improvvisa.

"Ma sott'acqua non ci sono tempeste!" pensò Jules, voltandosi a guardare il capitano.

Nemo era tornato quello di sempre. Con lo sguardo duro e la mascella contratta lanciò un ordine ai suoi uomini.

«Presto! Alla sala comandi!»

L'equipaggio davanti agli strumenti era paralizzato dalla paura. Gli uomini che avevano viaggiato con il capitano per i sette mari dovevano aver visto ogni sorta di meraviglia, eppure nulla era paragonabile a ciò che avevano sotto gli occhi in quel momento.

La piovra gigante si era ripresa e stava attaccando il *Nautilus*. I massicci tentacoli dell'animale erano avvolti attorno allo scafo e lo tenevano saldamente.

Il sottomarino si era piegato su un lato sotto il suo peso. Dalla calotta di vetro della sala comandi si potevano vedere le ventose che stringevano la poppa della nave, mentre i denti dell'animale tentavano di frantumarne la cupola trasparente.

Nemo, seguito da Jules e Amelie, si precipitò nella sala comandi, scuotendo l'equipaggio.

«Rapporto dei danni!» ordinò con voce ferma.

«Non è possibile... ancora lei!» gridò Amelie.

«Una bestiola un po' vendicativa!» commentò Jules, ironico. Ai suoi occhi il *Nautilus* era una nave talmente perfetta da non dover temere nulla. Ma la realtà era ben diversa.

«La pressione del mostro è enorme, capitano!» esclamò uno degli uomini. «La calotta non reggerà ancora a lungo!»

Una lunga crepa si aprì nel vetro e lo scricchiolio dell'oblò risuonò nella sala silenziosa.

Nemo non parlava. I suoi uomini aspettavano l'ordine che li avrebbe salvati.

Jules era sconvolto. Possibile che il grande Nemo, il genio che aveva inventato una meraviglia tecnologica come il *Nautilus*, fosse impotente di fronte a quel pericolo venuto dalle profondità dell'oceano?

10.

TRAPPOLA ELETTRICA

Jules non riuscì a resistere alla tensione e sbottò: «Insomma, facciamo qualcosa! Usciamo e attacchiamola con le fiocine elettriche!».

«Ce ne vorrebbero troppe per uccidere quel mostro» disse Nemo, scuotendo la testa.

Ma Jules non aveva nessuna intenzione di restarsene con le mani in mano mentre la piovra stritolava il *Nautilus*... per lo meno non mentre loro si trovavano ancora là dentro!

«Allora troviamone una più potente!» ribatté il ragazzo concentrato.

Amelie lo osservò e capì che l'amico era in uno

di quei momenti in cui l'aveva già visto più volte: poteva quasi sentire le rotelle che gli giravano all'impazzata nel cervello. Ma avrebbe trovato una soluzione abbastanza in fretta?

«Avete delle scialuppe, in questo hotel marino extralusso?» chiese infine. Nei suoi occhi brillava una luce e Amelie capì che aveva avuto un'altra delle sue incredibili idee. Un colpo di genio alla Jules Verne!

Fuori, intanto, la piovra aveva rafforzato la propria posizione ed era riuscita ad avviluppare con i tentacoli quasi tutta la parte posteriore dello scafo.

Ci sarebbe voluta una forza straordinaria per staccarla da lì.

Una paratia laterale del *Nautilus* si aprì, lasciando uscire grosse bolle d'aria. Dalla nu-

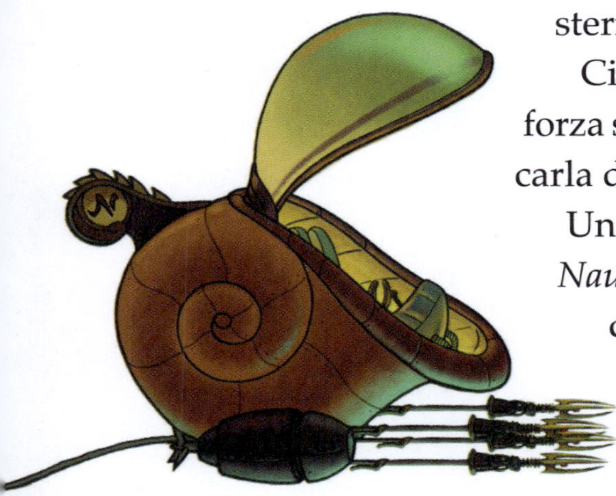

vola di ossigeno emerse una navetta a forma di conchiglia che poteva trasportare al massimo due persone. Era uno dei mezzi acquatici in dotazione al sottomarino ed era armata con quattro fiocine elettriche montate sul davanti.

Alla guida del mezzo c'era Jules, imbacuccato nella pesante tuta subacquea che aveva indossato poco prima, nella passeggiata sul fondale oceanico.

«Wow! Questa conchiglia è semplicissima da guidare!» disse tra sé. Era impegnato in una missione pericolosa, ma non poteva fare a meno di divertirsi, con tutte quelle meraviglie tecnologiche a disposizione!

Attaccato alla navetta c'era un lungo cavo, che la collegava direttamente con la sala macchine del sottomarino.

Nella sala comandi, Nemo, Amelie e tutto l'equipaggio osservavano le evoluzioni con il cuore in gola.

«Capitano!» disse l'uomo al quadro comandi. «Siamo pronti a dare energia al cavo esterno!»

Nemo annuì, alzando una mano per segnalare ai suoi uomini il momento esatto in cui agire.

Il piano di Jules era semplice, ma richiedeva un tempismo perfetto. Lui l'aveva chiamato "friggi la piovra", e considerate le dimensioni dell'animale, avrebbe dato fondo a tutte le risorse del *Nautilus*.

«Spero tu sappia quello che fai, Jules!» mormorò Amelie, cercando di rassicurare Hatteras accucciato ai suoi piedi.

Nemo sentì le parole della ragazza e ribatté,

senza staccare gli occhi dal vetro: «Sembra che lo sappia...».

Nella sua voce vibrava una nota di ammirazione. Amelie rabbrividì: cosa poteva portare di buono l'amicizia di un uomo come Nemo?

"Forse non avremo modo di scoprirlo..." pen-

sò, osservando tesa la navetta che raggiungeva la piovra.

Quasi a sottolineare le sue parole, proprio in quel momento la crepa nella calotta della sala comandi si aprì ancora di più, ramificandosi lungo tutta la superficie.

Nel mezzo dell'oceano, Jules aveva portato la navetta alla massima velocità. Il suo piano stava procedendo senza intoppi, ma la parte più difficile doveva ancora arrivare.

«Perfetto» si disse. «La rotta è quella giusta. Ora devo solo fare in modo che si mantenga così...»

Tirò fuori la sua fibbia milleusi e fece scattare la lama. «Ecco, questo dovrebbe bastare!» continuò, infilandola nei comandi per bloccare la leva che governava la navetta.

Ormai mancavano pochi metri per raggiungere l'animale, era giunto il momento di uscire di scena.

Azionò il comando di apertura del tettuccio di vetro e si lanciò fuori dal mezzo, allontanandosi più in fretta che poteva.

La navetta divenne un proiettile lanciato contro la piovra.

Nemo vide il ragazzo saltare e abbassò la mano, allertando gli uomini davanti al quadro dei comandi: «Ci siamo! Pronti...».

Accadde tutto in pochi istanti. La navetta raggiunse la piovra, conficcandosi con le lance elettriche nella pelle coriacea dell'animale.

Nemo si sporse in avanti, gridando: «Adesso!».

L'uomo ai comandi abbassò la leva dell'energia e tutte le luci del *Nautilus* si spensero, lasciando al buio la cabina di comando.

Amelie si morse un labbro per la tensione.

Una scarica potentissima proveniente dalla sala macchine si incanalò nel cavo esterno, percorrendolo alla velocità di un fulmine durante una tempesta.

La piovra non fece in tempo a rendersi conto di cosa stava accadendo: la scarica la raggiunse, crepitando e saettando tutto intorno al suo corpo.

Jules, da lontano, osservò soddisfatto la scena.

La piovra tremò, si contorse, strinse ancora di più i tentacoli contro la calotta di vetro... Poi liberò una nube di inchiostro vischioso e infine cedette, accasciandosi sullo scafo e scivolando via, prima di stramazzare sul fondale.

Le luci sul *Nautilus* si riaccesero tutte insieme, accompagnate dall'urlo liberatorio degli uomini dell'equipaggio.

Amelie sentì un tuffo al cuore: Jules ce l'aveva fatta! Si lasciò andare e abbracciò Hatteras, che saltava e abbaiava felice.

La vista dell'espressione di Nemo, però, la raggelò. Il capitano non esultava, era rimasto impassibile e stringeva forte il timone davanti a sé.

Chissà cosa gli passava per la mente! Era così difficile interpretare i pensieri di quell'uomo. Avrebbe sentito un debito di riconoscenza verso Jules, che aveva salvato la sua nave?

Senza cambiare espressione, Nemo si staccò dal timone e ordinò: «Recuperate il ragazzo!».

Quindi si voltò e uscì a grandi passi dalla sala.

Molte centinaia di metri più in alto, gli uomini a bordo di un piccolo peschereccio si trovarono ad assistere a uno strano fenomeno.

«Capitano!» gridò uno dei pescatori. «Che cos'è quello?»

Sulle onde danzavano e crepitavano scintille bianche che sollevavano spruzzi di schiuma.

Il proprietario del peschereccio si grattò la testa, perplesso: «Mai visto niente del genere... Tirate subito su le reti!».

L'avventura del *Nautilus* era finita, ma ciò che era accaduto nelle profondità dell'oceano non era passato inosservato in superficie.

La scarica elettrica che il sottomarino aveva liberato contro la piovra era stata così potente da affiorare fin sul pelo dell'acqua.

Anche la *Lincoln* si trovava in

quelle acque. Artemius, sempre di vedetta, era esausto per la mancanza di sonno, dopo tanti giorni di ricerche infruttuose. Vedendo del movimento a qualche chilometro di distanza, per un attimo si era scosso dalla disperazione. Poi, però, aveva visto che si trattava solo di un peschereccio.

Stava per cedere alla stanchezza e accogliere il cambio che il capitano gli implorava di accettare da ore, quando notò quelle strane luci bianche.

Un sorriso gli si disegnò sul volto stanco e gli riaccese la speranza nel cuore.

«Capitano!» gridò. «Avanti tutta!»

11.

LA RINASCITA DI NEMO

Intanto sul *Nautilus*, sotto lo sguardo impenetrabile di Nemo, Jules riabbracciava Amelie e Hatteras. La ragazza era così contenta di vedere il suo amico, che solo dopo averlo stretto forte si accorse che era ricoperto dall'inchiostro della piovra.

«Bel lavoro, Jul... aaarggh!» gridò, staccandosi subito.

Anche Hatteras ebbe una brutta sorpresa quando provò a salutarlo leccandogli una mano. La sostanza vischiosa era non solo appiccicosa, ma anche molto amara! Alla prima leccatina il mastino guaì, tossendo e sputacchiando per la sala.

«Neanche tutti gli scrittori del mondo messi insieme hanno mai visto tanto inchiostro!» scherzò Jules, facendo l'occhiolino ad Amelie.

Nemo, impassibile, si avvicinò a una paratia e spinse un bottone per far scattare il meccanismo di apertura di un armadio nascosto. Prese un asciugamano e lo tirò a Jules, che lo afferrò al volo sorridendo.

«Sei in gamba» gli disse il capitano poco più tardi, dopo aver convocato i ragazzi nella sua sala privata. Era lì che si ritirava per elaborare le strategie di attacco.

Jules era allegro e ancora eccitato per la sua impresa. Nemo, invece, sembrava avere la mente già a mille leghe di distanza.

«Il *Nautilus* potrebbe servirsi del tuo talento» continuò, allontanandosi per osservare una delle cartine che decoravano le pareti. Era la riproduzione degli Stati Uniti d'America.

Sotto la carta, c'erano dei comandi. Al tocco di Nemo, una luce rossa lampeggiante si accese in corrispondenza della città di New York.

Amelie seguiva tutti i movimenti del capitano con attenzione. Sapeva che quell'uomo terribile stava tramando qualcosa. Ma di cosa si trattava?

Jules invece era rimasto senza parole. L'approvazione di un genio come Nemo lo lusingava: aveva aspettato così tanto un riconoscimento simile da suo padre!

Ma sapeva anche che il capitano era un uomo pericoloso, di cui era meglio non fidarsi.

"Bel lavoro, Jules, sei riuscito a impressionare l'uomo sbagliato!" si disse, sorridendo tra sé.

Amelie abbassò la voce per non farsi sentire: «Insomma, Jules, siamo qui prigionieri e tu... ridi?! Quell'uomo ha qualcosa che non va».

«Certo, dobbiamo essere cauti» ribatté Jules. «Ma bisogna aspettare il momento giusto per chiedergli di riportarci a casa... E poi ricordati che ci ha salvato la vita!»

«Vi ho salvati per testimoniare al mondo il giorno della mia rinascita» lo interruppe Nemo.

Evidentemente non era così preso dai suoi piani da non prestare attenzione alle parole dei ragazzi.

La sua frase suscitò in Jules e Amelie mille interrogativi. La sua rinascita? Che cosa significava?

Nemo armeggiò di nuovo con i comandi, e sulla cartina comparve un'altra luce. Questa volta era bianca e pulsava spostandosi lentamente nell'area che indicava il mare, in direzione della luce rossa.

I ragazzi non ebbero bisogno di spiegazioni: la luce bianca stava a indicare il *Nautilus* e la sua rotta. Quindi erano diretti verso New York... Ma perché? Quali erano le intenzioni di Nemo?

«Ancora poche ore...» mormorò il capitano.

«Poche ore per cosa?» chiese Jules. «Spiegateci, capitato, ci siamo meritati il diritto di saperlo!»

Nemo si girò con espressione torva. Sembrava che vedesse i suoi ospiti per la prima volta. Chi erano? E come osavano pretendere di conoscere i suoi piani?

La scintilla rabbiosa, però, si spense subito. Nemo abbassò il capo: «È giusto. Per essere i miei testimoni dovete conoscere tutti i fatti».

In pochi passi raggiunse il suo organo e toccò una sequenza di tasti. Invece di suonare, il grande strumento vibrò, poi si udì un sibilo e tutta la struttura su cui era montato iniziò a spostarsi lentamente verso il basso, scoprendo una scala a chiocciola che conduceva a un ambiente sottostante.

Una nuova meraviglia meccanica di Nemo.

Hatteras si trovava vicino alla base dell'organo e fu preso alla sprovvista: ruzzolò giù dalle scale che si aprirono sotto le sue zampe.

«Seguitemi» disse Nemo, iniziando a scendere.

I ragazzi lo raggiunsero nella "sala di osservazione".

CAPITOLO UNDICI

Era un'altra cupola di vetro a forma di conchiglia, ma si trovava nella parte più bassa dello scafo, perciò offriva una vista completa del fondale. Sembrava di essere in una bolla di sapone, immersa nelle profondità marine: gli unici testimoni di quel mondo silenzioso.

«Qui c'è il simbolo della mia caduta» iniziò a spiegare Nemo, indicando il relitto di una nave adagiato sul fondale. *Vengeur*: anche se le lettere erano coperte di alghe e sedimenti marini, si riusciva ancora a distinguerne il nome inciso sul fianco.

Amelie lanciò un'occhiata interrogativa a Jules, ma il ragazzo si strinse nelle spalle, stupito quanto lei.

«Voi vedete un semplice relitto» aggiunse Nemo. «Ma quella è la mia cicatrice più profonda e dolorosa. Quella è la mia tomba.»

Per la prima volta Amelie percepì una nota di umanità nella voce del capitano. In quel luogo dovevano esserci i suoi ricordi più dolorosi. Con lo sguardo perso oltre il vetro e le spalle basse, sembrava un uomo diverso. Più piccolo, più debole e infinitamente più stanco.

«Ma voi... chi siete?» domandò, impietosita.

Oltre il muro che aveva eretto intorno alla sua anima, un nome emerse dai ricordi del capitano Nemo. Ma non lo pronunciò: aveva giurato che non lo avrebbe mai più usato e non avrebbe certo infranto ora quella promessa.

In fondo, non parlare era facile; non ricordare, invece, era impossibile.

Le immagini che costantemente ricacciava nell'oblio, costantemente gli tornavano indietro.

Un uomo sul ponte della nave, la giornata piena di sole e lei che gli stava accanto con i bambini. Poi il fuoco. L'incendio spaventoso che aveva illuminato la notte sull'oceano. I tentativi di spegnerlo, il legno divorato dalle fiamme che cominciava a crollare sul ponte. E infine l'urlo, quello che in tante notti ancora lo faceva svegliare di soprassalto, il suo urlo disperato: «Elizabeth!».

CAPITOLO UNDICI

Nemo tremò stringendo i pugni e scosse la testa per risvegliarsi da quell'incubo a occhi aperti.

«Per molto tempo ho desiderato essere nessuno...» mormorò, in risposta alla domanda di Amelie.

Ogni giorno riviveva quei momenti terribili e ogni giorno rinnovava la sua promessa di vendetta. Ma quello non era il momento di ricordare. Era arrivata l'ora di agire!

«L'*Oceanic* sta per salpare dal porto di New York

per il suo viaggio inaugurale» disse, girandosi con lo sguardo carico di odio.

Era tornato a essere l'uomo che Jules e Amelie avevano conosciuto fino a quel momento. I due ragazzi arretrarono, colpiti dalla forza del suo rancore.

«La grande ammiraglia della Marina americana, vanto della tecnologia più avanzata, verrà trapassata come burro dal *Nautilus*!» tuonò.

I timori di Jules e Amelie divennero realtà. Il capitano non era solo uno scienziato dalla mente superiore. Era soprattutto un uomo con il folle obiettivo di dimostrare la sua superiorità al mondo. E lo avrebbe fatto distruggendo le migliori navi delle potenze mondiali.

«L'*Oceanic* non è che una zattera, in confronto alla mia tecnologia, e se ne accorgerà affondando col suo carico di ottusa e miope presunzione!» concluse, stringendo un pugno minaccioso davanti al volto dei ragazzi.

Jules era senza fiato: il cambiamento di Nemo lo aveva scosso nel profondo.

«Ma moriranno centinaia di persone innocenti!» balbettò, incredulo.

Nemo lo scansò bruscamente: «Nessuno è innocente!» dichiarò, salendo rapidamente la scala.

«Voi siete pazzo!» gridò Amelie.

Ma il capitano era già scomparso, lasciandoli lì, impotenti in fondo al mare, in quella che ormai sembrava solo una tetra e fredda prigione di vetro e metallo.

«Non possiamo rimanere così, senza fare niente!» esclamò Jules, deciso. E la sua mente iniziò a elaborare un nuovo piano...

12.

ROTTA PER NEW YORK

La *Lincoln* aveva abbordato il peschereccio e il capitano Farragut era sceso sulla piccola imbarcazione insieme ad Artemius e De l'Ennui. L'intenzione era quella di ottenere informazioni sullo strano fenomeno a cui i pescatori avevano assistito da vicino. Ma la spedizione si rivelò più fruttuosa del previsto.

Tra le reti tirate a secco era rimasta incagliata la navetta usata da Jules per colpire la piovra.

O almeno, ciò che ne restava.

«Di animali strani ne peschiamo, ma questo...» disse il proprietario del peschereccio.

CAPITOLO DODICI

Artemius si piegò a ispezionare i resti della navetta, un mucchio di ferraglia contorta che manteneva a stento la parvenza di ciò che era stata prima dello scontro con la piovra.

«Se vi interessa tanto, ve la vendo!» disse il pescatore. «Ho bisogno di soldi per riparare le reti.»

«Non ci penso nemmeno!» inorridì De l'Ennui. «Pagare per quattro pezzi di ferro!»

Artemius, però, aveva trovato qualcosa che per lui aveva un valore inestimabile: «Jules! Questa è di Jules!» esclamò, estraendo dai rottami la fibbia del ragazzo. «Potrebbero essersi salvati!» esultò, con il cuore che gli scoppiava per la gioia.

Era così felice che estrasse una mazzetta di banconote e la ficcò nelle mani del pescatore.

«Compro questa!» disse, sollevando la fibbia per farla vedere anche al capitano Farragut.

Tutti si voltarono sentendo un tonfo improvviso: De l'Ennui era svenuto fra i pesci e le reti della piccola imbarcazione...

Tornato sulla *Lincoln*, Artemius si chiuse nella cabina con il capitano e una grande mappa dell'oceano Atlantico.

«Vedete?» disse, segnando con una X le coordinate dell'incontro con il mostro. «Qui è dove abbiamo perso i ragazzi. E questo è il luogo in cui abbiamo trovato quella strana scialuppa.»

E segnò un'altra X sulla mappa. Poi tracciò una linea retta che univa le due X e la prolungò fino alle coste del continente americano.

«Qualunque cosa li abbia catturati, sta andando a New York!» concluse, guardando Farragut dritto negli occhi.

Il capitano non esitò un istante e diede ad Artemius la risposta che sperava: «Allora ci andremo anche noi! Con i motori al massimo e le vele spiegate!».

Il piano di Jules era audace, ma lui e Amelie avevano deciso di tentare il tutto per tutto per lasciare il *Nautilus*.

«La sala delle scialuppe dovrebbe essere da questa parte» disse il giovane Verne, imboccando uno dei corridoi del sottomarino. «Ne basta una, anche se un po' mi spiace lasciare questo posto fantastico!»

Amelie gli lanciò un'occhiataccia: «Jules! Come fai a pensare ancora...».

Lui la interruppe, prendendola per un braccio e facendole segno di restare in silenzio: poco lontano stava arrivando uno degli uomini di Nemo.

Il giovane Verne trasse Amelie in disparte per non farsi vedere, ma la guardia camminava proprio nella loro direzione: presto li avrebbe scoperti.

«Lascia fare a me» sussurrò Amelie, divincolandosi. «Questa volta ho io un piano!»

Camminando con aria disinvolta, andò incontro all'uomo, che si accorse di lei quando erano a meno di un metro di distanza.

«Signorina, non potete stare qui» disse. «Devo portarvi dal capitano!»

«Veramente, cercavo il bagno...» rispose Amelie, con l'aria più ingenua che riuscì a simulare.

L'uomo arrossì leggermente: sul *Nautilus* non erano abituati alla presenza femminile!

«Allora dovete andare in fondo al corridoio» ribatté, imbarazzato. «Ma non ne abbiamo uno per le signore!»

«Oh, ma non è per me!» continuò la ragazza, sorridendo. «È per lui!»

L'uomo abbassò lo sguardo e vide Hatteras che gli faceva un bisognino proprio sugli stivali!

«Ehi! Brutta bestiaccia...» gridò disgustato, mettendosi a saltellare.

Quell'attimo di distrazione era proprio ciò che serviva a Jules: arrivò alle spalle dell'uomo e lo mise al tappeto con una gomitata nella nuca.

Poi, insieme ad Amelie si affrettò nel corridoio: di lì a poco l'uomo si sarebbe ripreso e avrebbe dato l'allarme.

«Bella mira!» si complimentò la ragazza.

«Grazie!» rispose Jules, sorridendo orgoglioso.

«Veramente io dicevo ad Hatteras!» lo schernì lei, seminandolo con un allungo e una risatina soddisfatta.

Nella sala comandi, Nemo e i suoi uomini si preparavano all'attacco.

Sul radar si delineò la costa del porto di New York e comparve la grossa sagoma dell'*Oceanic*.

«Trenta minuti al punto zero, signore!» disse l'uomo ai pannelli di controllo.

«Preparatevi all'emersione. Dovranno vederci mentre li speroniamo!» ordinò Nemo al timone.

All'improvviso sul radar comparve una seconda sagoma, più piccola.

«Capitano, una nave si sta posizionando in rotta di collisione davanti al bersaglio!» esclamò l'uomo.

Nemo sobbalzò, non si aspettava quell'inconveniente. Con un gesto azionò il periscopio e una mascherina calò dall'alto fermandosi all'altezza dei suoi occhi.

Ciò che vide lo mandò su tutte le furie.

«Maledizione, ancora la *Lincoln*!» ringhiò.

Proprio in quel momento, risuonò l'allarme che segnalava la fuga di Jules e Amelie, e diverse squadre di guardie armate si sparpagliarono per i corridoi.

«Per di qua, sono sicuro!» disse Jules all'ennesimo bivio.

Proprio da quella parte, però, comparvero una decina di uomini con le lance elettriche.

«Secondo me invece è di là!» gridò Amelie, tirando l'amico per un braccio e costringendolo a fare dietrofront appena in tempo per evitare un raggio elettrico.

«Stanno scappando, fermateli!» ordinò il capo delle guardie, puntando la fiocina contro i fuggiaschi.

13.

IL SALVATAGGIO DELL'OCEANIC

I dardi elettrici delle guardie crepitavano attorno a Jules e Amelie, lasciando profondi segni neri sulle paratie del sottomarino. Gli uomini di Nemo stavano per raggiungerli, quando Jules vide in fondo al corridoio la porta della sala delle scialuppe.

«Eccola!» gridò. «Hatteras, aprila, presto!»

Il mastino prese la rincorsa e con un salto acrobatico rimbalzò sul bottone rosso dell'apertura.

Davanti a loro c'era la salvezza: un piccolo bacino che custodiva dieci navette uguali a quella che Jules aveva usato nella sua missione contro la piovra.

«Non fateli arrivare alle scialuppe!» gridò il capo delle guardie.

«Presto, presto!» incitò Jules, afferrando la mano di Amelie. «Dentro!»

Il ragazzo si buttò in scivolata oltre la porta, trascinando con sé l'amica, mentre su di loro crepitavano i colpi che riempivano l'aria di scintille.

Ancora un salto e i tre riuscirono a infilarsi all'interno di una delle navette.

Le guardie erano ormai a pochi passi, ma Jules aveva in serbo una sorpresa.

«Questo dovrebbe fermarli!» disse, attivando l'apertura delle porte stagne.

Un fiotto d'acqua marina entrò rombando e allagando la sala in pochi secondi. Le guardie, colte alla sprovvista, furono travolte dall'onda e trascinate via, oltre la porta ancora aperta.

«Ce l'abbiamo fatta!» gridò Amelie, stritolando Hatteras in un abbraccio per la felicità.

Jules accelerò lasciandosi alle spalle la sagoma affusolata del *Nautilus*. Non poté fare a meno di pensare a quali altre meraviglie avrebbe potuto scoprire, se fosse rimasto sulla nave. Ma qualcuno doveva fermare il piano folle del capitano.

«Non ce la farai, Nemo» mormorò, spingendo la navetta alla massima velocità.

Jules e Amelie erano già lontani, quando una delle guardie raggiunse la sala comandi.

«Signore, i ragazzi sono fuggiti!» disse, ansimando. «Hanno preso una delle scialuppe, sono diretti verso la superficie.»

Nemo guardò dritto davanti a sé, ma una smorfia amara gli si disegnò sul volto.

Aveva sperato di fare di quel ragazzo il suo discepolo, e la sua fuga, ora, gli appariva come l'ennesimo tradimento, l'ultimo dei tanti subiti.

«Sei in gamba, Jules Verne» mormorò. «Ma hai scelto la squadra sbagliata.»

L'uomo al radar si girò con un nuovo rapporto: «Capitano, la *Lincoln* è ancora sulla nostra rotta!».

Nemo non ebbe bisogno di riflettere nemmeno per un secondo: «Speronatela!» ordinò.

CAPITOLO TREDICI

La fregata del capitano Farragut era giunta a New York da pochi minuti, dopo una corsa senza tregua sulla rotta tracciata da Artemius.

L'insenatura era piena di imbarcazioni di ogni dimensione: tutti volevano assistere al varo dell'*Oceanic* e nel porto c'era aria di festa.

La grande nave era decorata con bandierine a stelle e strisce e i passeggeri, sul ponte, si sporgevano a salutare. Artemius, però, non aveva abbandonato la sua postazione.

«Non posso essermi sbagliato, non posso... » si ripeteva, scrutando le acque con il binocolo.

Qualcosa si mosse a poca distanza dalla *Lincoln*.

Sembravano solo bolle d'aria che risalivano in superficie, poi l'acqua si increspò e tra gli spruzzi si distinse una massa scura che emergeva...

«Lì! C'è qualcosa!» gridò Artemius.

La navetta, con a bordo Jules, Amelie e Hatteras, spuntò tra le onde.

«Ce l'hanno fatta! Ce l'hanno fatta!» la voce di Artemius risuonò per tutto il ponte, richiamando il capitano, Esther e De l'Ennui.

«Presto, fateli salire!» ordinò il capitano.

Jules manovrò la scialuppa per accostarsi alla *Lincoln* e i ragazzi tornarono finalmente sulla nave.

Amelie corse a riabbracciare il padre, mentre Jules fu investito da Sophia e da Esther. Il lemure gli scompigliò i capelli e la governante si abbandonò

all'emozione, inzuppandogli la giacca di lacrime.

«Oh, come sono contenta di vedervi!» strillava.

«Sì, ehm... anche io!» rispose Jules imbarazzato.

Hatteras, invece, saltò in braccio a De l'Ennui e lo fece ruzzolare a terra.

Ned Land fu il primo ad avvistare la nuova minaccia: «Ehi, guardate! Arriva qualcos'altro!» urlò.

Tutti puntarono gli occhi al largo e videro il vero aspetto del mostro marino che avevano tanto temuto. Il *Nautilus* aveva iniziato la sua emersione. Maestoso come un palazzo sommerso da secoli, brillava sotto il sole nei suoi colori sgargianti.

«Santo cielo... e quello cos'è?!» chiese Farragut sbarrando gli occhi.

«È il vostro mostro, capitano... una meraviglia tecnologica nelle mani di un folle!» spiegò Jules.

«Papà, vuole distruggere l'*Oceanic*!» aggiunse subito Amelie, stringendosi ad Artemius.

«Prima dovrà vedersela con i cannoni della *Lincoln*!» intervenne Farragut, dando ordine ai suoi uomini di andare alle postazioni d'attacco.

CAPITOLO TREDICI

La sirena della fregata suonò l'allarme e così fecero le altre imbarcazioni nel porto, creando un frastuono disarmonico che sembrava la colonna sonora ideale per l'apparizione del *Nautilus*.

«Fuoco!» gridò Farragut, e i cannoni iniziarono a bersagliare il sottomarino.

Nella sala comandi, Nemo strinse il timone con un ghigno, mantenendo la rotta. I cannoni della *Lincoln* non potevano fermarlo: il mondo doveva conoscere il suo nome e imparare a temerlo!

«Tre minuti allo speronamento, signore!» disse l'uomo al radar.

Il capitano afferrò il periscopio, per godersi l'espressione di chi vedeva per la prima volta il *Nautilus* in tutta la sua gloria.

«Eccoli» mormorò. «Patetici, piccoli uomini di superficie, il mare non vi appartiene!»

Scorrendo i volti spaventati riconobbe Jules, Amelie e accanto a lei...

«No! Non è possibile!» disse, stringendo lo schermo. «Quell'uomo è... Artemius!»

14.

IL RELITTO DEL VENGEUR

Gli uomini nella sala comandi osservavano Nemo stupiti: era la prima volta che il loro capitano esitava.

«Artemius» mormorava, quasi per convincersi che fosse reale. «Quella, dunque... è tua figlia!»

Lo scoppio ravvicinato dei colpi della *Lincoln* lo fece tornare in sé. L'equipaggio aspettava solo un suo ordine per lanciare il terribile rostro del *Nautilus* contro lo scafo della fregata.

«Procediamo, signore?» domandò timidamente uno dei marinai.

Nemo si staccò dal periscopio. Com'era possibile? Dunque il destino voleva che le loro strade tornassero a incrociarsi? Quale prezzo avrebbe dovuto pagare, questa volta?

«Signore!» lo richiamò l'uomo al radar. «Due minuti allo speronamento. Attacchiamo, capitano?»

Le bordate della *Lincoln* esplodevano sempre più vicine, inondando di fuoco e fumo la calotta del sottomarino. Nemo doveva prendere una decisione e doveva farlo in fretta.

La vendetta che tanto aveva desiderato improvvisamente non gli sembrava più così importante. La vista di quell'uomo uscito dal suo passato aveva risvegliato in lui sentimenti che pensava fossero svaniti per sempre.

Cosa sentiva? Pietà? O forse... amicizia?

«Il mondo doveva sapere» disse infine, alzando la voce per farsi sentire dai suoi uomini. «Ora sono sicuro che tutti sapranno.»

Poi voltò le spalle al timone e uscì dalla sala comandi, impartendo un ultimo ordine lapidario: «Immergiamoci!».

Dietro di lui, la porta si chiuse con uno scatto secco, isolandolo dal fuoco dei colpi e dei ricordi dolorosi che non riusciva a far tacere dentro di sé.

Sulla *Lincoln*, intanto, Artemius e i suoi osservavano trepidanti l'avanzata del sottomarino.

I cannoni continuavano a sparare a ripetizione, senza nemmeno scalfire la corazza metallica del *Nautilus*.

«Ricaricate!» gridava Farragut. «Continuate a sparare!»

Il rostro del *Nautilus* era ormai a pochi metri, quando all'improvviso iniziò a scendere in acqua insieme al resto dello scafo.

«Ma... che cosa fa?» chiese Jules, stupito.

«Incredibile... sembra che si stia immergendo» spiegò Ned. «Hanno rinunciato all'attacco!»

Gli uomini ai cannoni si fermarono con le munizioni in mano, il capitano smise di dare ordini, mentre tutti a bordo osservavano senza fiato il rostro che si abbassava...

A pochi centimetri dallo scafo della *Lincoln*, il rostro scomparve sotto il pelo dell'acqua, strisciando sulla chiglia e lasciandovi una lunga ferita, quasi a dimostrare di non essere stato solo un miraggio.

La sagoma del sottomarino passò poi sotto l'*Oceanic*, sbiadendo man mano che raggiungeva le profondità dell'oceano.

In pochi minuti la terribile macchina distruttrice di Nemo era comparsa e poi di nuovo svanita nel nulla. Una breve apparizione di cui i giornali di tutto il mondo avrebbero parlato per mesi.

Per il momento, però, la gioia vinse su tutto e i passeggeri delle due navi festeggiarono lo scampato pericolo.

Hatteras e Sophia correvano per il ponte senza contenere la felicità. Esther se li ritrovò fra le gambe e per poco non cadde, travolta da quel turbine di entusiasmo. Per fortuna De l'Ennui era lì vicino e la sorresse prendendola per una mano.

«Grazie, Monsieur!» disse la governante, arrossendo leggermente per il gesto galante del contabile. «Vedo che anche voi siete contento!»

De l'Ennui sorrise sotto i baffi: «Certo! Lo sa quanto poteva costarci questa storia? E invece abbiamo avuto solo un piccolissimo danno! Secondo i miei calcoli...»

Esther lasciò bruscamente la mano dell'uomo, sbuffando: «Uff! Riuscite sempre a rovinare tutto, voi!».

Ned Land intanto era andato a ringraziare Jules: «Ragazzo, senza la tua corda non so dove sarei adesso...» disse, assestandogli una vigorosa pacca sulle spalle.

«Ugh! Prego, prego...» rispose Jules, sussultando.

Amelie, invece, si stringeva di nuovo al padre.

«Ero certo di non avervi perso!» mormorò Artemius, commosso. Poi ricordò di aver conservato qualcosa per Jules nella tasca della giacca.

«Credo che questa ti appartenga» disse, mostrando al ragazzo la sua fibbia. «L'ho trovata impigliata in una rete da pesca...»

Jules la prese e la rimise a posto, sulla sua cintura: «Grazie! Pensavo che fosse andata distrutta!».

«Un'altra delle tue ingegnose invenzioni. Ancora una volta le tue doti mi hanno sorpreso!» continuò Artemius.

A quelle parole, Jules ripensò a ciò che aveva visto sul *Nautilus*. In confronto, la sua fibbia gli sembrò davvero ben poca cosa.

«Oh, avreste dovuto vedere che cosa c'era su quel sottomarino, Monsieur Lucas!» iniziò, ansioso di raccontare tutto. «Altro che le mie piccole invenzioni! Energia elettrica per alimentare la nave, globi fluttuanti, metalli sconosciuti...»

Artemius sorrise: riconosceva il fuoco che ardeva in Jules. Era molto simile a quello che bruciava dentro di lui fin da quando era giovane. Era il fuoco della conoscenza.

«Quello che descrivi è davvero incredibile! Ma avremo tempo per i dettagli» disse. «La vostra testimonianza sarà preziosa per l'articolo che scriverò sul "Contes de Voyage".»

«C'è una cosa che non capisco» disse Ned Land. «Se il sottomarino voleva distruggerci, poteva farlo senza problemi. Perché ci ha risparmiati?»

Jules e Amelie si scambiarono un'occhiata: entrambi avevano ancora chiare nella mente le parole di Nemo nella sala di osservazione. La sua inspiegabile sete di vendetta, la sua brama di essere riconosciuto come il dominatore dei mari...

«Voleva dare un segnale al mondo e credo che ci sia riuscito» disse infine Jules.

Il capitano Farragut, però, non riusciva a darsi pace: «Ma quale nazione c'è dietro tutto questo? E qual è l'obiettivo?» chiese, indicando con un gesto la sua nave, che ancora riportava i segni dei due scontri con il *Nautilus*.

Amelie scosse la testa: «Ciò che avete visto è opera di un uomo solo: il capitano Nemo».

«Nemo...» commentò Artemius pensieroso.

Un'idea vaga, un'immagine lontana e familiare cominciava a prendere corpo nella sua mente.

«Nemo vuol dire "nessuno", in latino...»

«E il latino non è l'unica stranezza, papà!» continuò la ragazza. «Ci ha portato a vedere il relitto di una nave, abbandonato sul fondale marino, dicendo che lui era morto lì. Quell'uomo è pazzo!»

«Un relitto?» chiese Artemius. «Di quale nave?»

Jules aveva letto il nome sulla fiancata: «Mi sembra fosse il... *Vengeur*!».

Artemius sgranò gli occhi e il suo volto impallidì per un istante. Il ricordo gli esplose davanti agli occhi in tutta la sua assurda evidenza: «No... non è possibile!».

«Monsieur Lucas, state bene?» chiese Jules, preoccupato.

«Papà, conosci quell'uomo?» lo incalzò Amelie, incuriosita dallo strano comportamento del padre.

Artemius si chiuse in se stesso, rimuginando su vecchi ricordi sbiaditi dal tempo.

«Non lo so» disse infine, guardando l'orizzonte con espressione sofferente. «Forse...»

15.

UN ALTRO UOMO

Nel buio delle profondità marine, immerso nel silenzio degli abissi, il *Nautilus* scivolava tra le rocce vulcaniche del fondale dell'oceano Atlantico.

Dopo New York, il sottomarino si era allontanato velocemente prendendo il largo, dove regnava indisturbato sulle popolazioni marine.

Gli uomini dell'equipaggio erano tornati ai loro compiti quotidiani, ma si muovevano con più cautela del solito. Percorrevano i corridoi cercando di non far rumore e a stento parlavano fra loro negli alloggi o in mensa.

Conoscevano bene il loro capitano, e lo ammiravano, ma sapevano anche che era meglio non disturbarlo quando si chiudeva nella sala a suonare l'organo per ore.

La musica riempiva i corridoi della nave, echeggiando ossessiva tra le pareti di ferro.

Nemo suonava sempre la stessa melodia, dimenticando di mangiare e di dormire.

Il tormento lo teneva sveglio, e dopo l'incontro con Artemius il dolore che provava era diventato ancora più acuto, quasi insopportabile.

All'improvviso smise di suonare con un accordo stonato, battendo i pugni sulla tastiera.

«Artemius! Che cosa ci facevi su quella nave?» gridò rabbioso.

Si alzò irrequieto, misurando a grandi passi la stanza. Fra le carte nautiche appese alle pareti, si aprivano alcune nicchie che custodivano i suoi tesori, le ultime testimonianze di una vita che si era lasciato alle spalle.

Tra quei cimeli, Nemo aveva particolarmente a

cuore la sua collezione di libri: tomi antichissimi e preziosi recuperati in superficie tra le ricchezze trovate nel mare.

Passò in rassegna alcuni volumi toccandoli con il dorso della mano, ma non aveva voglia di leggere. Si fermò davanti a un libro rovinato, con la rilegatura scolorita. Era il meno prezioso, eppure aveva per lui un valore speciale.

Il vecchio manuale lo riportò a un tempo in cui la sua vita era stata diversa. Un'epoca in cui Nemo era un altro uomo.

La sua espressione a un tratto si ammorbidì.

«Artemius, chissà se anche tu ricordi ancora...» mormorò.

Nella sua mente le immagini passarono vivide e questa volta Nemo le lasciò andare.

Parigi. Un giovane studente pieno di entusiasmo arrivato nella capitale per frequentare l'università. Non ha molte conoscenze e manca di esperienza, ma il suo genio si fa subito notare dai professori.

Giorni magnifici, ricchi di scoperte, di lavoro e di amicizia... Anche Artemius è solo un ragazzo, eppure è già il più brillante del suo corso. I due sembravano destinati a diventare grandi amici.

Nemo sfogliò il libro e per un momento il nodo che gli stringeva la gola smise di fargli male.

«Che cosa ci è successo, poi, Artemius?» chiese, parlando più a se stesso che all'amico assente.

Sapeva in realtà cosa era successo: la delusione più grande da parte di una delle poche persone che stimava davvero.

Il nodo gli si strinse di nuovo, doloroso.

E poi altri ricordi: l'amore, la dolcezza di Elizabeth. L'ambizione sfrenata, le ore infinite di studio, la voglia di primeggiare e l'ottusità di chi avrebbe dovuto sostenerlo.

Infine la stessa scena di sempre, quella a cui continuava a tornare ogni giorno, senza tregua.

Il ricordo che bruciava come petrolio alimentando il motore del suo odio per il mondo...

È una mattina serena al porto di Le Havre. L'alba ha già colorato il cielo di rosa e i lampioni a gas iniziano a spegnersi.

La carrozza partita da Parigi nella notte sussulta sulla strada di ciottoli e si affretta per raggiungere la banchina delle partenze.

Il conducente ferma i cavalli, lui scende dalla vettura per primo. I suoi capelli sono neri, lo sguardo intenso e febbrile; il volto è ancora giovane, senza le cicatrici che lo segneranno in seguito.

La nave è pronta a salpare. Sulla fiancata brilla una scritta in ottone: Vengeur. *Un grande mercantile che effettua anche servizio passeggeri. I lussi, durante la traversata, saranno pochi, ma quello è l'unico biglietto che può permettersi.*

Un biglietto di sola andata per l'America. Il nuo-

vo continente, una nuova vita. E soprattutto, nuovi amici, che riconosceranno il suo genio e finanzieranno le sue ricerche.

Si volta a osservare la banchina; nessuno sa della partenza, perciò non ci saranno addii né saluti carichi di promesse. Le uniche persone che lo guardano, tra i bagagli preparati in tutta fretta nella notte, sono i componenti della sua famiglia. Sua moglie Elizabeth e i suoi due figli. Un bambino e una bambina ancora piccoli, che non capiscono l'urgenza di quel viaggio e l'espressione triste della loro mamma.

«Venite!» li esorta, sforzandosi di sorridere. «Sarà un viaggio fantastico!» Elizabeth non risponde, ma si vede che è preoccupata. Ha abbandonato tutto ciò che conosce, e lo ha fatto per lui. La sua casa, i suoi genitori e una vita più agiata di quella che la attende.

Con una mano si tormenta il ciondolo che ha al collo, da cui non si separa mai.

È stato il primo regalo di suo marito, quando erano ancora fidanzati: una conchiglia incastonata nell'oro.

Allora Elizabeth era una pianista dell'Opéra. Lui l'aveva stupita con quel regalo meraviglioso e il meccanismo che aveva aperto il ciondolo mentre lei suonava sul palco.

«La sua spirale perfetta rappresenta l'ordine che unisce tutte le cose» le aveva spiegato quando Elizabeth lo aveva ringraziato, con gli occhi lucidi per la gioia. «Come il nostro amore unisce noi due, per sempre.»

«Per sempre» ripeté Nemo, ma la sua voce si perse tra le fredde pareti del *Nautilus*.

E si trovò di nuovo solo, nel suo sottomarino, alla guida di uomini pronti a tutto pur di seguire il sogno di vendetta del loro capitano.

Un sogno che era nato quella notte, la notte che continuava a rivivere all'infinito. La notte dell'affondamento del *Vengeur*.

Ecco di nuovo il fuoco, le fiamme che divorano il ponte di legno del mercantile.

Lui che tenta di spegnerle con una coperta, mentre le vele si consumano bruciando nel cielo carico di nubi.

La nave sobbalza, sballottata dalla tempesta. I bambini si stringono alla madre, in un angolo.

Ormai l'imbarcazione è compromessa, l'albero maestro inizia a scricchiolare sotto l'azione del fuoco. Poi un rumore lancinante, il legno si spacca, abbattendosi sul ponte.

«Elizabeth!» grida lui, tentando di raggiungerla. Ma non c'è niente da fare.

Un'esplosione dilania ciò che resta della nave, scaraventandolo in mare privo di sensi.

Quando rinviene, sta galleggiando su un relitto: ferito e stordito, ma ancora vivo.

Del Vengeur, *però, restano solo alcune tavole bruciate che galleggiano lì intorno. Tra le sue mani, solo un ciondolo a forma di conchiglia.*

Fu così che lui morì. Fu così che nacque Nemo.

Dalle ceneri del *Vengeur* un nuovo “vendicatore”. Dal riflesso di un monile che conservava i resti del cuore di un uomo, l’immagine con cui costruire un mostro.

«Sarà Nemo a distruggere le vostre speranze, ottusi uomini di superficie» disse il capitano, tornando al presente. «E guai a chi oserà mettersi sulla mia strada!»

EPILOGO

Jules sbadigliò e spense il lume che aveva di fronte. Lo stoppino era quasi consumato e l'olio iniziava a scarseggiare. Aveva scritto tutta la notte.

Guardò fuori dalla finestra della sua stanza, all'ultimo piano di un palazzo del centro, e si accorse che l'alba iniziava a farsi strada sui tetti di Parigi. Jean-Paul, il suo coinquilino, dormiva ancora, russando leggermente nel letto dall'altra parte della camera. Jules chiuse il quaderno e appoggiò la penna accanto al calamaio.

Sulla sua scrivania i libri di diritto, le leggi e

i codici erano tutti ammucchiati da un lato, con sopra uno strato di polvere alto almeno un dito.

La maggior parte del tavolo era occupata dai suoi appunti di viaggio, dalle cartine dei luoghi che aveva visitato e dai disegni delle sue prossime invenzioni.

Per un attimo pensò a suo padre, l'austero notaio di Nantes, e alla faccia che avrebbe fatto vedendo quei libri abbandonati in un angolo. Quando era partito da casa gli aveva promesso che sarebbe tornato a studiare a tempo pieno. Una promessa che non era stato in grado di mantenere.

Gli sembrò quasi di sentire la sua disapprovazione. Poi, però, sorrise tra sé, ripensando all'avventura che aveva vissuto a bordo della *Lincoln*. I giorni passati sul *Nautilus* erano stati i più eccitanti della sua vita. E poi aveva conosciuto Nemo... Rabbrividì al ricordo degli occhi freddi e determinati di quell'uomo. Lo avrebbe mai rivisto?

In un angolo del suo cuore, sperava di sì.

Ma adesso doveva muoversi. Le strade di Parigi

si stavano già animando e i rumori delle carrozze degli uomini d'affari e dei carri diretti al mercato arrivavano attutiti fin lassù.

Jules prese il quaderno, indossò la giacca e si precipitò fuori. Corse giù per le scale e si ritrovò in strada. Respirò a fondo l'aria fresca della città di prima mattina.

«Ah, Parigi... io ti adoro!» disse, scrollandosi di dosso la stanchezza della notte passata in bianco.

Si incamminò di buon passo verso la sua meta quotidiana: la redazione del "Contes de Voyage".

Conosceva a memoria quella strada, ma ogni giorno la percorreva con il cuore in gola, come se fosse la prima volta. Chissà quale altra avventura lo attendeva dietro la porta dello studio di Artemius Lucas? E poi Amelie, Esther, Sophia, Hatteras, persino De l'Ennui erano ormai una seconda famiglia per lui.

"Sto facendo la cosa giusta" si disse. "Non posso fingere di essere ciò che non sono!"

Anche suo padre lo avrebbe capito: in fin dei conti si preoccupava del suo futuro perché lo amava... doveva solo dimostrargli che il futuro che lui voleva per sé era raggiungibile, non era solo un sogno.

Con questi pensieri in testa, arrivò davanti al palazzo bianco che era la residenza di Monsieur Lucas, nonché la sede del suo giornale. All'ingresso c'era Hatteras, che sonnecchiava accucciato in uno spicchio di sole. Al suo passaggio, il mastino drizzò le orecchie e aprì un occhio.

«Zitto, Hatteras!» mormorò Jules, facendogli una grattatina dietro l'orecchio. «Sono io!»

Il cane scodinzolò soddisfatto, e tornò a dormire.

L'ingresso era buio e silenzioso. Jules si avviò su per il grande scalone che portava al primo piano.

Un delizioso profumino di dolcetti appena sfornati lo accolse sul pianerottolo.

"Questi sono senz'altro i biscotti di Esther!" pensò, con l'acquolina in bocca. La governante era già al lavoro in cucina.

"Quando si sarà svegliata anche Amelie, mi unirò a loro per la colazione!" si ripromise.

Quello era un appuntamento che aspettava con ansia... e non solo per i dolcetti di Esther! Lui e Amelie parlavano a lungo mentre mangiavano, commentando le notizie riportate sul giornale. Era il momento più bello della sua giornata. Nemmeno De l'Ennui riusciva a rovinarlo con i suoi continui lamenti per il costo del latte e della marmellata.

Ora, però, tutto taceva sul pianerottolo.

Jules prese un respiro per farsi coraggio e bussò alla porta dello studio di Monsieur Lucas.

«Avanti!» disse la voce che conosceva bene.

Artemius era già al suo posto e leggeva la corrispondenza.

"Chissà, forse tra quelle lettere c'è lo spunto per una nuova spedizione!" si ritrovò a pensare Jules.

Il giovane Verne si avvicinò in silenzio alla grande scrivania di mogano, tenendo il manoscritto dietro la schiena.

Artemius alzò il viso dalla lettera che stava leggendo e gli sorrise: «Jules! Anche tu mattiniero, vedo!» disse, appoggiandosi allo schienale della sedia.

Jules arrossì per l'emozione e, tossicchiando, appoggiò il manoscritto sul tavolo.

«Ehm, non so se avete avuto modo di leggere i racconti precedenti... Io però nel frattempo ho scritto un resoconto della nostra avventura sul *Nautilus*» disse infine, tutto d'un fiato.

«In effetti ancora non ne ho trovato il tempo, con tutto quello che c'è stato da fare...» rispose Artemius, alzando un sopracciglio incuriosito. «Questo però è il terzo: sei uno scrittore prolifico e veloce!»

Sotto lo sguardo speranzoso di Jules, l'uomo allungò una mano, ma qualcuno fu più veloce di lui. Sophia spuntò dal nulla e afferrò il quaderno, saltando via veloce fino ad arrampicarsi su una libreria dello studio.

«Sophia, torna qui!» gridò Jules correndole appresso e saltando per raggiungerla.

Ma il lemure era già troppo in alto, più su dei

libri di geografia, oltre i filosofi greci, ancora più in alto dei volumi sulla storia d'Egitto!

Artemius rise di gusto nel vedere Jules che si arrabattava per riprendersi il manoscritto.

«Su, non preoccuparti!» gli disse, scherzando. «In fondo hai trovato il tuo primo lettore!»

Sophia, al sicuro tra i volumi, mordicchiò un angolo del quaderno di Jules, poi lo rigirò tra le zampette senza sapere bene cosa farci e infine si mise ad annusarlo incuriosita.

Sulla copertina si sentiva ancora l'odore dell'inchiostro fresco, con cui Jules aveva scritto il titolo in grandi caratteri maiuscoli:

Ventimila leghe sotto i mari.

Jules Verne

Nacque a Nantes, in Francia, l'8 febbraio 1828 ed è considerato il pioniere della fantascienza. I suoi romanzi hanno anticipato importanti scoperte scientifiche, e le sue descrizioni visionarie di viaggi e avventure incredibili hanno appassionato intere generazioni di lettori. Jules studiò e si laureò in Legge a Parigi, come voleva suo padre, ma poi si dedicò al suo grande sogno: la scrittura. Nel 1850 pubblicò alcuni testi teatrali e nel 1863 il suo primo romanzo, *Cinque settimane in pallone*, segnò l'inizio di un grande successo.

Molte delle sue opere, come *Viaggio al centro della Terra* (1864), *Dalla Terra alla Luna* (1865), *Ventimila leghe sotto i mari* (1870), *Il giro del mondo in ottanta giorni* (1873) e *L'isola misteriosa* (1874), sono considerate dei capolavori del romanzo d'avventura.

INDICE

GOLD HOTE

Ti è piaciuta quest'avventura di Jules?
Vuoi continuare a seguirlo nei suoi viaggi? Allora visita il sito e scarica la App delle "Straordinarie Avventure di Jules Verne"! Troverai una pagina dedicata ai lettori dei suoi romanzi. Un contenuto speciale si aprirà solo per te, se saprai rispondere a questa domanda...

Quale oggetto
alla tempesta scampato
del capitano racchiude
il cuore spezzato?

www.le-straordinarie-avventure-di-jules-verne.com